#PRZESKOCZ TO

Mistrzowskie sposoby na problemy z motywacją

MARCIN KLINKOSZ

DIGITAL ARROW BOOK

#PrzeskoczTo

Mistrzowskie sposoby na problemy z motywacją

© 2018 by Marcin Klinkosz

Wszelkie prawa zastrzeżone

ISBN: 978-1-9996574-4-4

ISBN (ebook): 978-1-9996574-5-1

Projekt okładki: Marcin Klinkosz

Redakcja: Paulina Zyszczak (eKorekta24.pl)

Korekta: Andrzej Zyszczak (eKorekta24.pl)

Skład i łamanie: VikkoExperts Wioletta Kozłowska

Wszelkie prawa zastrzeżone. Nieautoryzowane rozpowszechnianie całości lub fragmentu niniejszej publikacji w jakiejkolwiek postaci jest zabronione. Wykonywanie kopii metodą kserograficzną, fotograficzną, a także kopiowanie książki na nośniku filmowym, magnetycznym lub innym powoduje naruszenie praw autorskich niniejszej publikacji.

Wydrukowano w Polsce

SPIS TREŚCI:

1. Dlaczego Chcesz To Przeskoczyć? 1
2. Czego Się Nauczysz? 6
3. Jest Nisko! Przeskocz To! 11
4. Przeskocz Swój Mount Everest 19
5. Jak Odkryłem #Przeskocz To 28
6. Krótka Historia Jednej Decyzji 36

SEKCJA 1

7. Tu Marnujesz Najwięcej Czasu 43
8. Przeklęty Sześciopak 49
9. Klątwa Niedokończonych Projektów 89

SEKCJA 2

10. Cztery Fazy Kompetencji 104
11. Najtrudniej Jest Zejść Z Kanapy 138
12. Odwaga I Pewność Siebie 153
13. Chroń Swój Czas 161

SEKCJA 3

14. Sztuka Balansowania 173
15. Niektóre Rzeczynie Są Warte Twojego Czasu 182
16. Odzyskiwanieskrawków Straconego Czasu 187
17. „Pomidor" I Gramy Dalej 192
18. Produktywność Na Fali 195

SEKCJA 4

19. Jak Utrzymać Głód Sukcesu 209
20. Mistrzowskie Sposoby Na Problemy Z Motywacją 213

DEDYKACJA

Dedykuję tę książkę mojej żonie Agnieszce i moim synom Michałowi i Jakubowi. Jesteście moją inspiracją do wszystkiego, co robię, i do każdej decyzji, jaką podejmuję.

Dedykuję tę książkę również wszystkim innym, którzy w głębi serca chcą od życia czegoś więcej i czasami tak trudno jest im postawić ten pierwszy krok. Każdy z nas zasługuje na to, żeby odblokować moc, którą mamy w sobie!

WSTĘP

W pewnym sensie wszyscy jesteśmy zawodnikami. Wszyscy mamy swoją arenę, na której chcemy zostać supergwiazdami. Niestety bardzo często to my sami decydujemy się na to, żeby na tę arenę nie wychodzić wcale. Piętrzymy swoje wszystkie „ale" i chowamy marzenia do szuflady.

Nawet gdy się już na niej znajdziemy, nie do końca wiemy, co robić, i miotamy się, próbując zrobić wszystko naraz. Wiecznie brakuje nam czasu na to, co jest dla nas najważniejsze.

Pomyśl! Co byś zrobił, gdybyś miał dodatkową godzinę w ciągu dnia? A co powiesz na dodatkowe cztery godziny w ciągu tygodnia, które będziesz mógł wykorzystać tylko na to, co kochasz robić?

Dam Ci ten czas! Wykorzystując potęgę psychologii sportu i rytuałów, obudzisz w sobie zawodnika, który z powodzeniem będzie realizował kolejne plany i marzenia. Nauczę Cię również jak podnosić sobie własną życiową poprzeczkę bez ryzyka odniesienia porażki. Poznasz również mistrzowskie sposoby na problemy z motywacją - podzielą się nimi z Tobą zawodnicy i trenerzy, którym już udało się #PrzeskoczyćTo.

Zasługujesz na to, żeby odkryć moc, którą już masz w sobie.
Nie strać okazji, żeby dowiedzieć się jak!

#PrzeskoczTo!

#1

DLACZEGO CHCESZ TO PRZESKOCZYĆ?

W życiu jest jak w sporcie. Zanim weźmiesz rozbieg i zaczniesz przeskakiwać coraz większe przeszkody, musisz, dokładnie wiedzieć, co chcesz osiągnąć. Chcesz skoczyć wyżej czy może dalej?

W pewnym sensie wszyscy jesteśmy zawodnikami. Twoim sportem mogą być: handel, transakcje warte miliony lub pisanie książek, które staną się bestsellerami. Wszyscy mamy swoją arenę, na której chcemy zostać supergwiazdami. Wszyscy możemy również korzystać z tajników psychologii sportu, żeby poprawić rezultaty, rozwinąć karierę lub rozpocząć własny biznes.

#PrzeskoczTo to nie tylko porady, jak być bardziej efektywnym oraz jak zwiększyć swoją produktywność i realizować kolejne projekty zawodowe. To system, który sprawdza się praktycznie w każdym obszarze naszego życia. To, czego nauczysz się z tego poradnika, pomoże Ci zostać mistrzem na Twojej własnej sportowej arenie.

Zanim jednak przejdziemy dalej, muszę Ci powiedzieć o czymś bardzo ważnym. Jako dorośli, musimy sobie zdawać sprawę, żeistnieją zasady, których musimy przestrzegać, zanim zaczniemy się uczyć czegokolwiek nowego.

1. Przede wszystkim musimy zrozumieć, dlaczego się tego uczymy.
2. Ponadto musimy zrozumieć, jak będziemy mogli w praktyce zastosować rzeczy, których się nauczymy – jak użyjemy tej wiedzy w naszym życiu.

Prawdopodobnie z tych prostych powodów teraz nie pamiętasz nic a nic z trygonometrii, której uczyłeś się w szkole średniej.

Właśnie dlatego, zanim przejdziemy dalej, powinieneś sam sobie odpowiedzieć na pytania: „Dlaczego chcę poprawić moją produktywność?" oraz „Jakie cele chcę osiągnąć, wprowadzając w życie zawartą w książce wiedzę?".

Mam dla Ciebie zadanie domowe. Nie martw się, nie jest ani trudne, ani czasochłonne.

SKOK #1

Wymień co najmniej trzy powody, dla których chcesz być bardziej skuteczny, produktywny lub odważny w swoich działaniach. Nie pisz jednak prostych i wymijających odpowiedzi typu „Chcę mieć więcej czasu". Napisz coś bardziej konkretnego, jak na przykład: „Chcę mieć dodatkowe dwie godziny w ciągu tygodnia, żeby zacząć ćwiczenia, dzięki którym pozbędę się bólu plecówi kolan" lub „Chcę mieć dodatkowe cztery godziny tygodniowo, żeby pomóc dzieciom przygotować się do zbliżającegosię egzaminu".Może to być również: „Chcę założyć własną firmę, żeby mieć więcej czasu na robienie rzeczy, które kocham".

Bądź dokładny i wyjaśnij sam sobie, dlaczego potrzebujesz tego dodatkowego czasu.

1. ....
2. ....
3. ....
4. ....
5. ....

Ze swojej strony mogę Ci powiedzieć, że ja nie szukam dodatkowego czasu ani większej produktywności, żeby siedzieć na tyłku. Ani tym bardziej żeby zapracowywać się jak jakiś nadczłowiek. **Robię to, żeby wypełnić moje życie rzeczami, które sądla mnie wartościowe i które sprawiają mi przyjemność.** Dla Ciebie będą to być może spotkania ze znajomymi, uprawianie sportu lub zwykłe oglądanie filmów, na które nigdy nie masz czasu. Jeżeli jednak Twoim wyborem jest pracowanie coraz więcej, pamiętaj, że bycie efektywnym nie zawsze oznacza bycie produktywnym.

Wszyscy się męczymy i mamy limit tego, co jesteśmy w stanie zrobić w ciągu dnia. Pamiętaj, że to właśnie CZAS jest najbardziej drogocennym i ograniczonym zasobem. Czas bez odpowiedniej uwagi oraz skupienia jest bezwartościowy. Jeżeli chcesz każdą dodatkową chwilę poświęcić na pracę – szanuj siebie, swoje samopoczucie i własne ograniczenia.

Teraz mam dla Ciebie kolejne zadanie, dzięki któremu będzie Ci łatwiej się skupić i ustalić cele.

JESTEŚ GOTOWY NA KOLEJNY SKOK?

SKOK #2

Znajdź trzy–pięć obszarów, w których czujesz, że możesz być bardziej efektywny.

1. ....
2. ....
3. ....
4. ....
5. ....

Gotowe? W takim razie weź rozbieg i **#PrzeskoczTo**.

#2

CZEGO SIĘ NAUCZYSZ?

Żyjemy w czasach, w których siedmioletni chłopiec publikujący filmiki na YouTubie zarabia więcej niż wielu dorosłych z wieloletnim doświadczeniem i latami spędzonymi w szkolnej ławie. Często jesteśmy o jednego google'a od rozwiązania problemów i wkroczenia w zupełnie nowe życie. Mimo to nadal szukamy wymówek. W wielu przypadkach doskonale wiemy, co musimy zrobić...ale tego nie robimy. Ta niemoc dotyka nas w każdej dziedzinie życia.

Chcemy prowadzić własną firmę, mieć więcej pieniędzy, lepsze stanowisko lub lepsze wyniki w sporcie, ale jednocześnie mieć mniej stresu, mniej pracować i robić wszystko szybciej. Jak to wszystko osiągnąć, skoro nie możemy ruszyć się nawet z kanapy i zawsze coś nam przeszkadza w rozpoczęciu czynności, które wpłyną pozytywnie na nasze życie? Jeszcze bardziej frustrujące jest to, że nawet odhaczając dziesiątki czy setki rzeczy z listy „do zrobienia", nie czujemy, że nasze życie ruszyło do przodu choćby o krok. Znasz to uczucie? W takim razie ta książka jest właśnie dla Ciebie!

#PrzeskoczTo to prosty system lub – jak wolisz – sportowy plan treningowy, dzięki któremu każdy może szybko poprawić swoją produktywność, zrealizować swoje projekty i mieć więcej czasu na to, co kocha. Przekonasz się również, jak wiele łączy świat sportu oraz codzienne życie i jak skorzystać z dobrodziejstw psychologii sportu we wszystkim, co robisz. Jak przystało na solidny plan treningowy, nie zabraknie w nim również ćwiczeń oraz sprawdzianów.

CZAS JEST KLUCZEM DO WSZYSTKIEGO

Gdy zastanowisz się nad tym nieco dłużej, okaże się, że po prostu nigdy nie masz wystarczająco dużo czasu, żeby przebrnąć przez rzeczy, które musisz zrobić. Nie mówiąc już o rzeczach, które chciałbyś zrobić. Niedoczas to codzienność wielu osób.

A teraz pomyśl szybko, co byś zrobił, gdybyś miał jedną dodatkową godzinę w ciągu dnia. A może kilka dodatkowych godzin w ciągu tygodnia? Na co byś je przeznaczył? Już zdecydowałeś?
To teraz uważaj…

DAM CI TEN CZAS!

Zaprojektowałem #PrzeskoczTo tak, aby ta książka pomogła Ci nie tylko zrozumieć, w czym tkwi problem, ale również skutecznego przeskoczyć i zacząć działanie. Pokażę Ci, jak w prosty sposób robić więcej i jednocześnie mieć więcej czasu na to, co kochasz.

W pierwszej sekcji skupimy się na tym, co powoduje przytłoczenie oraz sprawia, że odkładamy rzeczy na później. Dowiesz się również, gdzie wszyscy tracimy najwięcej czasu.

W drugiej sekcji postawimy fundament produktywności i nauczymy się, jak prosta formuła #PrzeskoczTo może działać na wszystkie aspekty naszego życia.

Pokażę Ci, jak po sprintersku zacząć każdy dobry projekt, sprawdzić go i doprowadzić do końca.

Trzecia sekcja to mięcho, dzięki któremu będziesz działał jeszcze efektywniej oraz realizował swoje plany znacznie szybciej. Poznasz kilka niezawodnych trików, które świetnie sprawdzają się w każdym aspekcie życia.

W czwartej sekcji dowiesz się między innymi, jak utrzymać wysoki poziom motywacji. Ta sekcja jest wyjątkowa – sami zawodnicy i trenerzy podzielą się z Tobą nie tylko spostrzeżeniami i radami na temat realizacji sportowych celów, ale również sposobami na brak motywacji. Ten rozdział jest otwarty. Za każdym razem, gdy nowi zawodnicy będą dołączali do #PrzeskoczTo i dzielili się swoimi radami, będą one uzupełniane w tym dziale. Nie możesz tego przegapić.

SKUP SIĘ NA TYM, CO DZIAŁA

Myślałeś kiedyś, w jaki sposób najlepsi zawodnicy na świecie utrzymują poziom motywacji i pną się do góry, pokonując kolejne bariery nie tylko swojego ciała, ale również innych aspektów swojego życia? Robią to, mimo że znajdują się pod stałą presją i obserwacją mediów.

W życiu, podobnie jak w sporcie, musisz zainwestować nie tylko w swoje fizyczne umiejętności, ale również w odpowiednie nastawienie, żeby zbudować fundamenty produktywnej pracy. Żadne triki Ci nie pomogą, jeżeli nie będziesz miał podstaw. Dlatego zależy mi, żebyś zmienił sposób patrzenia na swoją pracę oraz myślenia o wszystkich czynnościach, które chcesz wykonywać.

Zagadnienia opisane w tej książce nie wyczerpują tematu – nie zostaniesz z dnia na dzień mistrzem produktywności. Otrzymasz jednak wiedzę, odpowiednie narzędzia oraz informacje, które pozwolą Ci spojrzeć we własnym tempie na pełny obraz Twojej sytuacji. Tylko Ty wiesz, co sprawia Ci najwięcej problemów – po lekturze *#PrzeskoczTo* będziesz w stanie ocenić, gdzie tracisznaj więcej czasu. Prawda jest taka, że tylko jeżeli sam zaangażujesz się w naukę tych nowych zdolności, podejmiesz pełną akcję, szczególnie w obszarach, które Cię zainteresują – będziesz wstanie skuteczniej je przyswoić i wprowadzić w życie. Nikt inny nie przeskoczy tego za Ciebie!

UWAGA! Pamiętaj, że nie wszystkie sposoby i metody są dla każdego. Wybierz i przetestuj przedstawione rozwiązania oraz znajdź to, które będzie najlepiej działało dla Ciebie.

DZIEL SIĘ SWOIMI SPOSOBAMI

#PrzeskoczTo oraz temat zwiększania produktywności i realizowania życiowych planów rozwijają się również poza tą książką. Dlatego po przeczytaniu poradnika polecam lekturę mojego bloga, na którym będę regularnie dostarczał Ci dodatkowych materiałów. Zachęcam Cię również do napisania krótkiej recenzji książki i polecenia jej swoim znajomym, którzy borykają się z podobnymi problemami.

Masz inne, sprawdzone sposoby, jak na przykład wykorzystywać skrawki straconego czasu? Podziel się nimi na naszym fanpage'u, korzystając z hashtagów #PrzeskoczTo oraz #RecyklingCzasu.

CO OSIĄGNIESZ?

1. Nauczysz się, co tak naprawdę stoi na przeszkodzie do realizacji Twoich celów i marzeń.
2. Dowiesz się, jak ukończyć rozpoczęty projekt.
3. Nauczysz się, jak znaleźć tę jedną rzecz, która jest kluczem do wszystkiego.
4. Poznasz mistrzowskie sposoby na problemy z motywacją.
5. Pozbędziesz się złych nawyków, przez które marnujesz mnóstwo czasu w ciągu dnia.
6. Znajdziesz więcej czasu na to, co kochasz.
7. Stworzysz swój osobisty plan, który pomoże Ci zapanować nad chaosem.

#3

JEST NISKO! PRZESKOCZ TO!

Jest niesamowicie gorąco. Konkurs skoku wzwyż na stadionie gdańskiego AWF ciągnie się już drugą godzinę. Dzisiaj bierze udział wyjątkowo wielu zawodników, większość z nich zaczęła od bardzo niskiej wysokości.

Moja kolej. Stoję na rozbiegu. Poprzeczka zawieszona dużo wyżej ponad moją głową. Znajomi i koledzy ze skoczni klaszczą, ale ja tego nie słyszę. W mojej głowie jest tylko jedno zdanie: „Jest nisko! Przeskocz to!".

Później impuls i bez dłuższej chwili zastanowienia ruszam na rozbiegu, mijając kolejne znaki kontrolne. Wchodzę w łuk, przyspieszam…przygotowuję się do odbicia… i…

…i tak właśnie założyłem moją pierwszą w życiu firmę oraz pierwszy darmowy tygodnik polonijny, który teraz, gdy piszę te słowa, jest jedyną polonijną gazetą ukazującą się w Irlandii, już pod zarządem Grupy ZPR Media. Wcześniej nie miałem żadnego doświadczenia w prowadzeniu firmy, ale wiedziałem, co chcę zrobić. W głowie kłębiły się już kwestie dotyczące wyglądu gazety, dystrybucji oraz źródeł finansowania. Od jakiegoś czasu jednak wiedziałem dokładnie, co chcę zrobić, i miałem plan. Teraz tylko wystarczyło to zrobić.

ALE POWIEDZ MI, ŻE SIĘ UDA

No właśnie. Ty zapewne również masz plan i to niejeden. Jedyną rzeczą, która dzieli Cię od sukcesu, jest fakt, że teraz trzeba TYLKO to zrobić.

„Łatwo powiedzieć, gorzej wykonać" – zapewne pomyślałeś.

I całkowicie się z Tobą zgadzam. Bardzo często jest nam wszystkim niezmiernie trudno podjąć te najprostsze decyzje, które mogą znacząco wpłynąć na całe nasze życie. Ten problem nie dotyczy tylko zakładania firmy, ale również pracy na etacie, relacji z żoną i dziećmi, kontaktów ze znajomymi, a nawet Twojego zdrowia czy hobby. Wszyscy mamy ten sam problem: „Wiemy dokładnie, co trzeba zrobić, ale tego nie robimy".

Jedna z moich znajomych, Kasia, zadzwoniła do mnie jakiś czas temu i przez prawie dwie godziny rozmawialiśmy o jej planach biznesowych. Byłem zaskoczony, jak dokładnie ma wszystko rozplanowane. Dużo dokładniej niż ja, gdy zakładałem moją gazetę. Pomysły, logistyka, sieć sprzedaży, koncepcje dalszego rozwoju, a nawet osobiste plany po tym, jak biznes się rozwinie. W jej głosie było słychać pasję i pewność, że całość zakończy się sukcesem. Wtedy nagle wypaliła: „Marcin, ale powiedz mi, że to się uda…".

Od tego jednego zdania pozostała część naszej rozmowy to było już tylko pikowanie i szukanie powodów, dla których całość trzeba odłożyć w czasie, „ponieważ". Lista wszystkich „ale…" w okamgnieniu zrobiła się znacznie dłuższa niż liczba „za". Ogień przygasał. Byłem zaskoczony, jak szybko nasz własny umysł potrafi nas zapędzić z jednego narożnika w drugi.

Jak z euforii tworzenia da się wpaść prosto w depresję bezradności? Zawsze jest jakieś „ale".

Kolejny z moich znajomych, Tomek, który od dłuższego czasu myśli o rozpoczęciu własnych szkoleń, jest w bardzo podobnej sytuacji. Jak sam mówi: „Codziennie przechodzę przez walkę we własnej głowie. Z jednej strony pracuję i jest mi dobrze, ale chciałbym już tylko działać w szkoleniach. Chciałbym postawić wszystko na jedną kartę, ale jest mi wygodnie… Bardzo często mam tak, że mam pomysł, ale brakuje mi odwagi, żeby zacząć". W jednym ze swoich zdań trafił w dziesiątkę. W którym? O tym powiem Ci później.

Teraz musisz zrozumieć jedną rzecz – NIGDY nie będziesz gotowy, żeby zacząć! Być może przeczytałeś już kilka książek na temat produktywności i motywacji, a *#PrzeskoczTo* jest kolejną z nich. Być może jeździsz regularnie na konferencje, gdzie ludzie, którym się udało, opowiadają, jak ruszyć z miejsca i osiągnąć sukces. Jesteś stałym bywalcem prelekcji wszelkiej maści. Chłoniesz tę wiedzę i pozytywną energię. Po powrocie do domu przez jakiś czas rzucasz się z zapałem do realizacji projektu, który leżał w szufladzie już od dwóch lat. Tak, teraz jest ten moment!

Mija kilka chwil, kilka dni, kilka tygodni – w Twojej głowie znów piętrzą się wszystkie „ale" i ten moment mija. Projekt znowu trafia do szuflady. Może za jakiś czas do niego wrócisz. Teraz jeszcze nie jesteś gotowy.

TWOJA LISTA WSZYSTKICH „ALE"

Przygotowałem krótką listę wymówek, które sami sobie prezentujemy. Założę się, że dobrze znasz większość z nich. Jeżeli brakuje tu jakiejś – dopisz ją pod spodem.

1. Nie mam czasu.
2. Brakuje mi wiedzy i doświadczenia
3. Boję się porażki.
4. Nie chcę tego stresu.
5. Nie wiem, czy się uda.
6. Brakuje mi pieniędzy.
7. Nie mam takiej determinacji.
8. Nie mam pewności, czy to wypali.
9. Mój pomysł nie jest wystarczająco dobry.
10. Boję się spróbować, to dla mnie za trudne.
11. Jest już za późno, żeby zaczynać coś nowego.
12. Nie znam odpowiednich ludzi.
13. To zbyt ryzykowne.
14. Mój plan nie jest jeszcze perfekcyjny.
15. ....
16. ....
17. ....
18. ....

Dopisałeś swoje „ale"? OK.

Teraz, jeżeli wydrukowałeś e-booka lub zamówiłeś książkę w wydaniu papierowym, **WYRWIJ TĘ STRONĘ I WYRZUĆ DO KOSZA! Już więcej nie będzie Ci potrzebna!**

SUKCES PO MISTRZOWSKU

Zastanawiałeś się kiedyś, jak najlepsi sportowcy na świecie radzą sobie z tą niemocą? Jak pokonują brak motywacji, odwagi, presję wyników, mediów – nazwij to, jak chcesz. Dlaczego zawodnik, który zdobył medal na igrzyskach olimpijskich, stanowiący w sporcie największą nagrodę, nadal utrzymuje wysoki poziom? Nadal mu się chce i odnosi sukcesy w innych dziedzinach życia, mimo że połowę albo i więcej swojej egzystencji poświęcił wyłącznie na sport. Podczas zawodów widzisz, że wszystko idzie mu łatwo, zupełnie jakby nie wkładał w to żadnej energii, a jednak wynik zapiera dech w piersiach. Jak to możliwe? Młodzi zawodnicy, patrząc na wielkich mistrzów i podziwiając ich wyniki, rozmyślają, jakie specjalistyczne i wyszukane ćwiczenia wykonują najlepsi, żeby być na szczycie.

Pamiętasz, jak mówiłem, że w dzisiejszych czasach jesteśmy o jednego google'a od rozwiązania każdego z naszych problemów? Jeżeli interesujesz się sportem i poświęcisz chwilę na sprawdzenie ćwiczeń, które podczas treningów wykonują czołowi zawodnicy na świecie, zrozumiesz, że nie ma wiedzy tajemnej. Najlepsi wykonują dokładnie te same ćwiczenia, do których mają dostęp początkujący. Dzięki temu, że powtarzają je wystarczająco długo i wystarczająco dokładnie, nabierają pewności siebie i osiągają coraz lepsze wyniki. Nie wyobrażasz sobie chyba Usaina Bolta, który trenował cały okres przygotowawczy i wie, że jest najszybszym człowiekiem na świecie, ale podczas zawodów, gdy słyszy „Na miejsca... Gotowi...", wstaje i mówi: „Ale... ja nie jestem gotowy – idę do domu"?

CZAS JEST KLUCZEM DO WSZYSTKIEGO

A dokładniej mówiąc, robienie odpowiednich rzeczy w odpowiednim czasie. To jest klucz do sukcesu.

W przypadku skoku wzwyż nie wystarczy być silnym (o tak! Te chudzielce dźwigają ciężary, które przygniotłyby niejednego), szybkim, skocznym i sprawnym. Te wszystkie elementy muszą być wykonane w odpowiednim rytmie, w odpowiednim czasie. Tylko to gwarantuje, że pokonasz poprzeczkę. Wszystko pod presją czasu, ponieważ obecnie zawodnicy mają zaledwie 30 sekund na oddanie próby.

Nieważne, czy wieje Ci w twarz, czy pada deszcz. Czy jesteś gotowy, czy nie. Po upływie czasu próba jest zaliczona jako nieudana i na protokole sędziowskim figuruje jako strącenie – jako porażka. Właśnie tak. Nawet jeżeli nie oddasz próby – ponosisz porażkę. W życiu jest bardzo podobnie. Masz tylko określone małe okno czasowe, w którym musisz zacząć działać. W przeciwnym wypadku każdy Twój pomysł skończy w szufladzie. Po upływie tego czasu sam zaczniesz sabotować swoje działanie. Mało tego – zaczniesz sobie racjonalnie tłumaczyć, że brak akcji jest dla Ciebie lepszym rozwiązaniem.

Ile masz czasu na akcję? Uwierzysz mi, jeżeli Ci powiem, że dużo mniej niż skoczek wzwyż przed rozpoczęciem próby? Stosując sportowe analogie, powiedziałbym, że czas reakcji musi być nieraz zbliżony do akcji sprintera wychodzącego z bloków.

Kilka sekund – tyle masz czasu, żeby przewrócić pierwszy klocek domina w Twoim projekcie. Ten jeden klocek. Ta JEDNA mała rzecz sprawi, że wszystko pójdzie do przodu, a reszta klocków przewróci się sama. „Bardzo mało czasu" – pewnie teraz myślisz. Przytoczę Ci jednak słowa Bogdana Wenty, który podczas meczu reprezentacji Polski w piłce ręcznej z reprezentacją Norwegii przy stanie 30:30 powiedział: „Mamy 15 sekund – tylko spokojnie– mamy dużo czasu". Ważniejsze w tym wszystkim jest to, CO MUSISZ ZROBIĆ w przeciągu tych kilku sekund. Ale do tego wrócimy w dalszej części książki.

OTRZYMUJESZ PROSTY I POTĘŻNY SYSTEM

#PrzeskoczTo to bardzo prosty system, który jeszcze nigdy mnie nie zawiódł. W kolejnych rozdziałach pokażę Ci, jak działa w praktyce, i wytłumaczę, na czym polega jego wyjątkowość. Teraz jednak przypomnij sobie cele, które wypisałeś na początku książki, i obszary, w których chciałbyś osiągnąć więcej.

PAMIĘTAJ! Musisz znaleźć jedną rzecz, która ruszy wszystko, i musisz zacząć działać w przeciągu kilku sekund. Inaczej wszystkie Twoje projekty wylądują w szufladzie.

Zawsze jest dobry czas na zrobienie czegoś dobrego.

Martin Luther King Jr.

#4

PRZESKOCZ SWÓJ MOUNT EVEREST

Gdy zapytam Cię, czy znasz Mamoudou Gassamę, pewnie zmarszczysz brwi i odpowiesz, że nic Ci to nie mówi. Wystarczy jednak, że wpiszesz w swoją przeglądarkę „Spider-Man Francja", a zobaczysz akt wielkiej odwagi.

Dwudziestodwuletni uchodźca z Mali błyskawicznie wspiął się po balkonach na czwarte piętro, żeby uratować czteroletnie dziecko zwisające z balkonu. Jego szybka reakcja uratowała malca przed śmiercią. Na dole nie brakowało osób sprawnych fizycznie, ale nikt inny nie odważył się podjąć tej decyzji. Mamoudou podobnie jak inni wiedział, co trzeba zrobić, ale tylko on podjął decyzję wystarczająco szybko, żeby zacząć działać. Im dłużej by się nad tym zastanawiał, tym więcej niebezpieczeństwa zobaczyłby dla samego siebie w całej sytuacji i zapewne zostałby na ziemi. Impuls „muszę to zrobić" połączony z natychmiastową fizyczną aktywnością pozwolił uratować życie małego dziecka. Jak powiedział w późniejszym wywiadzie dla mediów, dopiero po tym, jak weszli do mieszkania, dotarło do niego, co zrobił. Zaczął się trząść i ledwie stał na nogach.

ŻEBY ZACZĄĆ – TRZEBA ZACZĄĆ

Do dzisiaj pamiętam zdanie jednego z moich kolegów klubowych z czasów Gryfa Słupsk –Darka Adamczyka, który 100 metrów przebiegał w 10,41 sekundy: „Żeby biegać szybko – trzeba szybko biegać". „Masło maślane" – pomyślisz, ale w rzeczywistości w zależności od tego, jak szybko biegniemy, w naszych mięśniach pracują różne rodzaje włókien. Podczas sprintu uaktywniają się głównie włókna mięśniowe szybkokurczliwe, odpowiedzialne za wykonywanie gwałtownej i dynamicznej pracy.

W poprzednim rozdziale wspominałem Ci, że musisz działać jak sprinter, jeżeli nie chcesz, żeby Twój projekt wylądował w szufladzie lub skończył jedynie jako myśli w Twojej głowie. Parafrazując powyższe zdanie, moja rada brzmi: „Jeżeli chcesz zacząć– musisz zacząć szybko".

I mówię tu dosłownie o szybkiej akcji fizycznej związanej z Twoim planem, kilka sekund po tym, gdy o tym pomyślisz. To są sytuacje, o których wiesz, że bardzo pozytywnie wpłyną na Twoje życie. Musisz tylko je wyłapać i zacząć działać. W większości przypadków będziesz doskonale wiedział, co trzeba zrobić.

Jedyną rzeczą, której wtedy potrzebujesz, jest krótka, natychmiastowa akcja, która przewróci pierwszy klocek domina. W wielu przypadkach Twoja intuicja i wewnętrzny głos będą Ci same podpowiadały, co jest dobre. Musisz tylko zacząć słuchać. W moim przypadku to jest grzałka.

JEST GRZAŁKA – JEST DOBRZE

Co to jest ta grzałka? Gość gotuje wodę i wie, że będzie dobrze? Historia grzałki zaczęła się na obozach kadrowych w Spale. Podczas zgrupowania oprócz dwóch treningów dziennie organizowane były również zawody kontrolne. Taki wewnętrzny sprawdzian dla kadrowiczów.

Jeżeli masz na swoim koncie udział w jakichś zawodach sportowych, z pewnością wiesz, że czasami przed startem trudniej jest zasnąć, a w głowie analizujesz już to, jak pobiegniesz lub jak rozegrasz mecz. Poza sportem to uczucie może Ci towarzyszyć na przykład przed ważną rozmową o pracę, gdy w głowie odpowiadasz sobie na wszystkie potencjalne pytania, jakie może Ci zadać pracodawca.

Podczas obozów kadrowych grzałka spędzała wielu zawodnikom sen z powiek. Razem z innymi potrafiliśmy siedzieć do późnych godzin wieczornych w recepcji lub nawet na podłodze w korytarzu, rozmawiając o wszystkim innym, byle tylko odwrócić naszą uwagę od startu. Gdy ochroniarz pytał, co tu robimy, odpowiadaliśmy krótko: „Jutro zawody – grzałkę mamy". Wyobraź sobie teraz grupę nastoletnich kadrowiczów bawiących się w chowanego na terenie ośrodka tylko po to, żeby następnego dnia pobić rekordy podczas sprawdzianów. Od tamtej pory za każdym razem, gdy czuję grzałkę, czy to w życiu osobistym, czy zawodowym, wiem, żebędzie dobrze. Zaraz potem mówię sobie już tylko: #PrzeskoczTo i działam.

W dalszej części książki powiem Ci, jak znaleźć najważniejszy klocek układanki, dzięki któremu ruszysz ze swoimi projektami, oraz wyjaśnię, dlaczego szybka akcja jest tak ważna.

Teraz pokażę Ci, w jaki sposób zasada #PrzeskoczTo dział w przypadku wszystkich moich projektów.

SKACZEMY DLA NATALKI

Historia, którą za chwilę Ci opowiem, stanowi najlepszy dowód na to, że zawsze jest odpowiedni czas, żeby zrobić coś dobrego. Gdy postawisz pierwszy krok, wszystko praktycznie samo zacznie wskakiwać na właściwe miejsca i z coraz większą prędkością przewracać się jak kostki domina w wielkiej układance.

Natalka Przedborska to dzielna córeczka mojej koleżanki ze studiów. W młodym wieku musi zmagać się z bardzo ciężką chorobą – mięsakiem Ewinga, nowotworem złośliwym kości. Gdy się o tym dowiedziałem, moją pierwszą myślą było: „Jak mogę jej pomóc?". Odległość od Dublina do Słupska lub Warszawy, gdzie odbywała leczenie, była jednak duża. Pomyślałem, że jeśli zrobię to sam, będzie za mało. I jak się pewnie domyślasz, włączyła się grzałka. Moja żona, Agnieszka, chciała mnie nawet pogonić na kanapę w salonie, bo grzałem „jak reaktor atomowy". Wtedy zaiskrzyła prosta myśl – #PrzeskoczTo.

We wrześniu na słupskim Stadionie 650-lecia odbywał się mityng zakończenia sezonu połączony z Memoriałem im. Ryszarda Ksieniewicza, mojego świętej pamięci trenera. Pierwszą myślą było kupienie biletów do Polski, skrzyknięcie wszystkich byłych skoczków oraz zrobienie minikonkursu charytatywnego i przekazanie pieniędzy na leczenie dziewczynki.

Pomyślałem, że dla wielu z nich to byłoby nie lada wyzwanie, ponieważ nie skakali prawie 20 lat.

JEST MYŚL – MUSI BYĆ AKCJA

Nie czekałem do rana. Gdy tylko pojawiła się myśl, wyskoczyłem z łóżka, włączyłem komputer, napisałem posta na Facebooku i oznaczyłem znajomych. Później poszedłem spać. Rano pod moim postem wywiązała się dyskusja połączona ze wspomnieniami dawnych czasów. Powspominaliśmy, powzdychaliśmy nad naszą obecną wagą, ale pierwsza akcja została podjęta – SKACZEMY.

Okazało się, że pomysł polubiło znacznie więcej osób. Wśród nich była Bernadeta Kopeć, prezes Akademii Małego Lekkoatlety w Słupsku. Jak się okazało, pracowała w szkole razem z babcią Natalki (jaki ten świat jest mały). Bez dłuższego zastanowienia odparła: „Dołączamy do akcji razem z klubem i dzieciakami".

Nagle z konkursu podstarzałych, byłych skoczków z nadwagą narodziła się perspektywa zrobienia fajnego eventu, w którym dzieci nie tylko będą mogły spędzić aktywnie dzień, ale równieżrealnie komuś pomóc poprzez sport.

WIĘKSZA SKALA I WIĘCEJ FORMALNOŚCI

Ponieważ skala naszego pomysłu wyszła poza kilka osób i teraz mówiliśmy już o kilkudziesięciu uczestnikach, trzeba było zadbać o kwestie formalne.

Nasz event nie mógł przecież zakłócić przebiegu głównych zawodów.

Z pierwszym pytaniem zgłosiłem się więc do Pomorskiego Związku Lekkiej Atletyki, który był organizatorem, czy władze nie mają nic przeciwko takiej imprezie towarzyszącej. Dostałem zielone światło. Gdyby w konkursie skoku wzwyż rywalizowało kilkadziesiąt osób, z których większość nigdy nie skakała, impreza trwałaby wieki. Poprosiliśmy zatem władze miasta Słupska o umożliwienie przeprowadzenia eventu na terenie hali sportowej. Również zielone światło.

Zwróć uwagę, że całość przebiegała bez szukania żadnego „ale". Po prostu – czyste działanie i szukanie rozwiązań.

PRZESKOCZYĆ MOUNT EVEREST

Do akcji z dnia na dzień dołączały kolejne osoby. Nie tylko dzieci, ale również ich rodzice zapowiedzieli, że chętnie wezmą udział w zawodach. Z małej pierwszej myśli nagle zrobiło się coś dużego. Skoro liczba uczestników rosła, w mojej głowie pojawił się kolejny pomysł: „Pomóżmy Natalce przeskoczyć jej chorobę. Pomóżmy jej przeskoczyć jej własny Mount Everest".

Wszyscy skoczkowie musieli więc pokonać w sumie 8848 metrów. Wysoko! Damy radę? #PrzeskoczTo! Pomyślałem, że trzeba wezwać posiłki. Wysłałem zapytania do moich znajomych skoczków oraz innych najlepszych zawodników w kraju, czy mają wolny termin pod koniec września i czy nie dołączyliby do akcji.

Z Wrocławia do Słupska przyjechała Justyna Kasprzycka, jedna z najlepszych polskich skoczkiń wzwyż (rekord życiowy:1,99 metra). Z Zielonej Góry przybył Robert Suchodolski, z którym rywalizowaliśmy jeszcze w latach młodzieńczych. Z Pucka przyjechał kulomiot Rafał Kownatke, a z Gdyni – skoczek Szymon Rudek. Dołączyli również Marcelina Witek, obecnie najlepsza oszczepniczka w Polsce, oraz jest trener Mirosław Witek, który również rzucał oszczepem na odległość ponad 80 metrów. Nie zabrakło również Barbary Madejczyk, olimpijki i byłej rekordzistki Polski w rzucie oszczepem.

Oczywiście nie wszyscy mogli przyjechać, ale część pomogła w inny sposób. Tomasz Czubak, rekordzista Polski w biegu na 400 metrów (44,62 sekundy), przekazał na aukcję pałeczkę sztafetową podpisaną przez najszybszych 400-metrowców w Polsce. Rekordzistka Polski w rzucie oszczepem, Maria Andrejczyk, zdobyła dla Natalki podpisy od polskich lekkoatletów startujących podczas igrzysk w Rio. Gorące uściski przesłały również Monika Pyrek i Angelika Cichocka.

W TEMPIE BŁYSKAWICY

To wszystko działo się w iście sprinterskim tempie. W półtora miesiąca wszystko było praktycznie gotowe. Z czasem dołączały kolejne firmy, które fundowały nagrody i przedmioty na aukcję. Do akcji dołączyli również Muszkieterowie Szpiku, na których stoisku można było sprawdzić, czy nasz szpik nadaje się do pomocy innym dzieciom, chorującym podobnie jak Natalka.

Całość zakończyła się sukcesem. Przeskoczyliśmy MountEverest, za pośrednictwem fundacji przeprowadziliśmy zbiórkę pieniędzy, słupszczanie przekazali również 1% podatku na ten cel.

Rafał Szymański, jeden z moich dawnych redakcyjnych kolegów, napisał w swoim felietonie kilka miłych słów z podziękowaniem „za wymyślenie akcji i jej koordynację częściowo z Irlandii. Żadne relacje, foty i wideo nie oddadzą entuzjazmu i zapału uczestników wrześniowego konkursu skoku wzwyż. Wiedząc, jaki był cel akcji, trudno było powstrzymać łzy, wiedząc, że komuś chciało się ruszyć hmm… cztery litery i pomagać".

Ja jednak nawet się nad tym nie zastanawiałem. Po prostu wiedziałem, co chcę zrobić i komu chcę pomóc. Błyskawicznie postawiłem jeden prosty krok, żeby wprawić całą machinę w ruch. Powiedziałem sobie tylko: #PrzeskoczTo, a reszta kostek domina przewróciła się już praktycznie sama. To była prosta decyzja. Jedna z wielu, które może podjąć każdy z nas. To nie jest żadna technologia rakietowa. Małe, proste decyzje każdego dnia zamieniają się w coś większego i mogą odmienić całe życie.

POKONAJ SWÓJ MOUNT EVEREST

Pamiętasz historię Spider-Mana z Francji, który opowiadał, że nogi zaczęły mu się trząść dopiero, gdy wszedł do mieszkania? Mój moment nadszedł, gdy nagle usłyszałem na hali „Natalka przyjechała". Byłem oczywiście w kontakcie z jej rodzicami, ale nikt nie spodziewał się, że podczas ciężkiego leczenia przyjedziena stadion do Słupska z Warszawy.

Gdy z Mirosławem Witkiem i Grzegorzem, tatą Natalki, pomagaliśmy ośmioletniej wówczas dziewczynce pokonać poprzeczkę– pokonać jej własny Mount Everest – to była chwila. W końcu odpuściłem, dotarło do mnie, jak wiele udało się osiągnąć w tak krótkim czasie. I co najciekawsze, wszystko było PROSTE. Bez problemów i bez stresu. Wiedziałem, co trzeba zrobić, i zrobiłem to. Zwykłe #PrzeskoczTo zadziałało również w tej sytuacji. Zaczęło się od prostej myśli-grzałki i chęci do działania. Reszta potoczyła się już niemal automatycznie.

Dla Ciebie w tej chwili być może tym Mount Everestem jest przejście od pomysłu do działania. Pokonanie wszystkich „ale" i wykonanie pierwszego kroku.

W kolejnym rozdziale dowiesz się, w jaki sposób wpadłem na ten prosty i skuteczny system. Przekonasz się, że wiele rzeczy, których nauczysz się z tej książki, jest popartych badaniami naukowymi. Gotowy? No to #PrzeskoczTo!

#5

JAK ODKRYŁEM #PRZESKOCZ TO

Mam nadzieję, że nic się nie stanie, jeżeli zdradzę Ci najpilniej strzeżoną tajemnicę sportu: „W sporcie liczy się tylko Twój rezultat". Nikogo nie interesują wymówki, okoliczności, w jakich przyszło Ci trenować, czy braki, z którymi musisz się zmagać. Nikogo nie interesuje również, jak ciężko trenowałeś minionej zimy. Medali nie dostaje ten, kto najintensywniej trenował, tylko ten, który ma najlepszy WYNIK.

W świecie biznesu jest podobnie. Nieważne, jak ciężko pracujesz i ile godzin spędzasz w pracy. Ważniejsze jest to, co dzięki temu osiągasz. Z pewnością się ze mną zgodzisz, że w wielu firmach najwięcej zarabiają właśnie ci, którzy robią najmniej. A przynajmniej tak to wygląda na pierwszy rzut oka. Wszystko przychodzi im łatwiej. Mimo że spędzają w pracy czasami dużo mniej czasu, to widać więcej efektów ich pracy, podczas gdy inni muszą pracować po 16 godzin dziennie, a i tak trudno im związać koniec z końcem. Co łączy lub dzieli te dwa typy osób? System, według którego postępują!

JAKIEGO SYSTEMU UŻYWASZ?

Jeden system to taki, który wszyscy dobrze znamy. Masz jakieś marzenie, może nawet zabierasz się do jego realizacji. Wtedy przygniata Cię rzeczywistość, przychodzi rozczarowanie.

Być może napotykasz przeszkodę, od której odbijasz się jakod ściany. Twoje marzenie trafia do szuflady lub znajdujesz sobie inny cel i postępujesz dokładnie tak samo. Za każdym razem rezygnujesz lub odbijasz się od ściany.

Drugie podejście jest z powodzeniem stosowane przez sportowców i ludzi sukcesu. Masz marzenie i ambitne cele i skupiasz się tylko na nich. Szukasz również wzorców do naśladowania, ponieważ wiesz, że w większości przypadków nie musisz wynajdować koła na nowo. Zaczynasz pracować według sprawdzonego systemu i z czasem tworzysz własny system, który pomaga Ci realizować kolejne cele. W ten sposób możesz pokonać siebie i przebić się przez ścianę, na której zatrzymywałeś się wcześniej.

W sporcie to wydaje się oczywiste – trener przygotowuje dla Ciebie plan treningowy, który bardziej lub mniej skrupulatnie realizujesz. Bardzo często szkoleniowiec pracował nad tym systemem przez lata i go doskonalił, żeby kolejni zawodnicy mogli osiągać równie dobre rezultaty.

Być może Ty też wypracowałeś sobie system, według którego postępujesz, rozpoczynając pracę w nowej firmie lub przygotowując się do rozmowy kwalifikacyjnej. Dobrze wiesz, co będziesz robił przez pierwsze 30, 60 czy 90 dni w nowej pracy. W biznesie działa to podobnie. Wypracowany przez lata system pozwoli Ci rozpoczynać nowe aktywności bez względu na produkt czy usługę. Nikt nie jest przecież na tyle mądry, żeby Ci powiedzieć, że coś się uda na pewno. Musisz to sprawdzić sam.

WING TSUN, IP MAN

Wcześniej przywiązywałem wagę do doskonalenia systemu w sporcie oraz w marketingu, którym zajmuję się zawodowo. Wiele jednak zmieniło się po obejrzeniu filmu Ip Man, w którym Donnie Yen wcielił się w postać Yip Mana, mistrza Wing Tsun Kung Fu i pierwszego nauczyciela Bruce'a Lee.

Nigdy wcześniej nie trenowałem żadnej sztuki walki, ale jako sportowca zaciekawiła mnie idea efektywnego wykorzystania energii i struktury ciała oraz symultanicznego ataku i obrony. Podczas scen walki wszystko wyglądało płynnie i przebiegało wręcz bez wysiłku. I do tego można było w prosty sposób zabrać całą siłę przeciwnikowi. Pomyślałem, że to na pewno częściowa zasługa magii kina, ale zaciekawienie zostało.

Nurtowało mnie to tak bardzo, że nawet znalazłem szkołę Wing Tsun w Dublinie i wysłałem maila z zapytaniem. Niedługo później rozpocząłem treningi, żeby przekonać się na własnej skórze, czy to rzeczywiście jest takie proste.

„Odrzuć wszystko, czego się do tej pory nauczyłeś" – to usłyszałem na wstępie. Jeżeli chodzi o sztuki walki, to było proste, bo całe życie trenowałem lekkoatletykę. Okazało się jednak, że musiałem poważnie zrewidować swoją praktyczną wiedzę na temat środka ciężkości ciała, prawidłowej postawy oraz siły, któraw dużej mierze zależy od postawy ciała. Powiedzmy sobie szczerze: nauka tego w miarę prostego systemu nie była łatwa. Przez cały proces jednak bardzo uważnie analizowałem poszczególne ruchy i starałem się zrozumieć, na czym polega magia szybkości i płynności ataków, które są jednocześnie bardzo mocne. W procesie szkolenia pojawiła się również zasada DimDimChing, która w wolnym tłumaczeniu oznacza, że atakować trzeba zawsze po najkrótszej z możliwych trajektorii pomiędzy punktem A a punktem B. Podobnie jak w życiu, wcale nie oznacza to, że musimy podchodzić do celu w linii prostej, ponieważ to po prostu w wielu przypadkach jest niemożliwe.

Później, pomagając trenować nowe osoby, zacząłem się zastanawiać na tym, czego się właśnie nauczyłem i jak można by te same zasady zastosować w innych aspektach życia. Z biegiem czasu okazało się, że mnóstwo rzeczy wcale nie jest tak skomplikowanych, jak się wydają. Można sobie z nimi również poradzić, z powodzeniem stosując sportowe fundamenty.

ŻYCIOWE PODEJŚCIE DO SPORTU

W karierze każdego sportowca jest wiele trudnych chwil. Trafiają się gorsze występy, kontuzje lub inne przeciwności losu. Często tak zupełnie po ludzku nic się nie chce, o wyczerpującym treningu nie wspominając. To się zdarza na każdym poziomie sportowym. Wraz z kolejnymi sukcesami wzrastają także oczekiwanianie tylko samych zawodników, ale i otoczenia. W tym mediów, które mogą napompować balon sukcesu i powiesić medala szyi, żeby dzień później wbić szpilę i zrównać z ziemią.

Gdy doświadczamy niepowodzeń lub widzimy, że inni zawodnicy poprawiają rezultaty i osiągają sukcesy, pierwszą naszą myślą może być zarówno „nie nadaję się – jestem za słaby/za słaba"jak i „muszę jeszcze ciężej trenować, żeby ich dogonić". Tę ciężką pracę bardzo często odbieramy dosłownie. Spędzamy kolejne godziny na siłowni i treningach. Ćwiczymy więcej i dłużej niż inni, ale bardzo często rezultaty są wręcz odwrotne.

A teraz wróćmy do pozasportowego życia. Podnieś rękę, jeżeli znasz kogoś, kto pracuje bardzo ciężko, ale nigdy nie dostał podwyżki. Kogoś, kto robi coraz więcej, ale nie odczuwa żadnych efektów swojej pracy poza narastającymi zmęczeniem, stresem i frustracją. W podobnej sytuacji jest wielu świetnych zawodników, którzy zdobywają medale na międzynarodowych zawodach i biją rekordy. Po pewnym czasie dociera do nich, że ten wyniknie przekłada się na sytuację finansową. Sport jest ich pracą, ale mimo ogromu wysiłku i czasu poświęconego na treningi pieniędzy w portfelu nie przybywa. Okazuje się, że sam wynik to za mało. Do sukcesu potrzeba czegoś więcej.

SPORTOWE PODEJŚCIE DO ŻYCIA

Po drugiej stronie układanki mamy osoby, które idą do przodu, robią mniej, a mają znacznie więcej. Czasami można odnieść wrażenie, że dla tych osób doba jest z gumy i czas płynie im znacznie wolniej.

Zapewne masz w swoim najbliższym otoczeniu ludzi, którzy z łatwością realizują kolejne życiowe plany. Wszystko idzie im jak po sznurku, tak jakby realizowali plan podstawiony przez trenera i co chwilę bili rekordy życiowe. Jak to w ogóle możliwe? Na pewno mają znajomości albo robią jakieś szemrane interesy.

Na pewno nie osiągnęli tego samodzielnie. W szkole przecież miałem dużo wyższe stopnie – on nie może być lepszy ode mnie. Okazuje się, że wiele kwestii łączy sportowy świat z realizacją pozasportowych projektów oraz naszych marzeń.

#PrzeskoczTo powstało właśnie na bazie połączenia obu tych światów. Cały system oparty jest na zrozumieniu, jaka jedna rzecz wprawi całą machinę w ruch, oraz sprinterskiej akcji i zrobieniu pierwszego kroku do realizacji planu. System sprawdzasię świetnie w sporcie, pracy i życiu osobistym. Pomoże Ci równieżw rozwinięciu Twojego pierwszego biznesu.

CZEGO MOŻESZ SIĘ NAUCZYĆ OD SPORTOWCÓW?

Być może zetknąłeś się już wcześniej z listą powodów, dla których warto zatrudniać sportowców. Jeżeli nie, szybko ją dla Ciebie przypomnę.

1. POSTAWA ZWYCIĘZCY. Szukasz ludzi, którzy nie poddają się mimo trudności, których porażki nie załamują? Wyciągają z nich wnioski, aby jutro być lepsi. Zastanów się: kto tak robi?

2. ZDOLNOŚĆ DO POŚWIĘCEŃ. Sportowcy rozumieją, żeaby odnosić sukcesy i realizować ambitne cele, trzeba włożyć w to odpowiednio dużo pracy.

3. AUTOMOTYWACJA. Sportowcy wiedzą, jak utrzymać wysoki poziom motywacji – nawet w przypadku napotkania trudności.

4. DETERMINACJA. Nawet w sytuacjach podbramkowych sportowcy nie przestają walczyć o zwycięstwo!

5. **PRZYSTOSOWANIE.** Sportowcy muszą działać w różnych warunkach i potrafią się do nich skutecznie i szybko przystosować.

6. **PRAKTYCZNE WDRAŻANIE STRATEGII.** Zamiana wizji na strategię, wyznaczanie celów na drodze do jej realizacjii codzienne sprawdzanie postępów to chleb powszedni każdego sportowca.

7. **SKUPIENIE NA CELU.** Sportowcy umieją planować działania, wdrażać plan w życie oraz osiągać wyznaczone cele.

8. **DZIAŁANIE POD PRESJĄ.** Potrzebujesz kogoś, kto pomimo stresu będzie osiągał wysokie wyniki? Ta umiejętność to podstawa osiągania sukcesów w sporcie!

9. **PRACA ZESPOŁOWA.** Sportowcy lepiej niż ktokolwiek inny rozumieją, jaką przewagę daje zgrany zespół – są też nauczeni efektywnie działać w zespole.

<u>**Nikt, absolutnie nikt nie osiąga sukcesu w pojedynkę!**</u>

Ponadto 95% dyrektorów generalnych (CEO) z listy Fortune 500 USA (zawierającej największe przedsiębiorstwa w USA pod względem przychodów) uprawiało sport akademicki! Przypadek? Nie sądzę!

JAK POŁĄCZYĆ OBA ŚWIATY?

Po wysłuchaniu historii moich znajomych, którzy od dłuższego czasu opowiadali mi o swoich planach i marzeniach i o tym, jak męczą się sami ze sobą, obawiając się podjęcia decyzji, w mojej głowie pojawił się pomysł. A gdyby udało się to wszystko połączyć w jeden prosty i skuteczny system, który pomógłby innym zrealizować plany? Taki skuteczny w każdym aspekcie życia, od sportu przez pracę i biznes po zdrowie. Oczywiście bez konieczności poświęcania najbliższych 10 lat życia na treningi, żeby poczuć to na własnej skórze i nabrać odpowiednich nawyków.

Zacząłem więc z dziennikarskim zacięciem zbierać informacje, zadawać pytania oraz analizować projekty, które sam realizowałem. Czytając dalej, bez trudu odnajdziesz trzy składowe, które są kluczowe dla całego procesu.

1. Skupienie się na najważniejszej rzeczy, dzięki której wszystko jest łatwiejsze.
2. Znalezienie pierwszego elementu, który sprawi, że pozostałe staną się łatwiejsze.
3. Szybka, wręcz sprinterska pierwsza akcja – pierwszy krok do realizacji planu.

Zanim zagłębimy się w podstawy produktywności oraz przyczyny odkładania wszystkiego na później, chciałbym, żebyś przekonał się, jak #PrzeskoczTo wpłynęło na moje życie.

#6

KRÓTKA HISTORIA JEDNEJ DECYZJI

Wyjazd do pracy za granicą to chyba jeden z bardziej stresujących momentów w życiu. Wszystko jest nowe – ludzie, firmy, ulice, kultura i język. Nowe wydają się nawet proste czynności, które na co dzień wykonujemy automatycznie. Wiele osób, które mówią o chęci wyjazdu, po jednej stronie widzi korzyści finansowe, a po drugiej – mnóstwo czynników znacznie podwyższających poziom stresu. Mimo że dostrzegają plusy pracy za granicą, nie decydują się nawet na krótki wyjazd.

Na decyzję bardzo często wpływa jeden impuls. Tak było również z moją emigracją. Wszystko rozpoczęło się od jednej decyzji.

MIEJ ODWAGĘ SŁUCHAĆ SIEBIE!

Intuicja czasami zaskakuje nas w najmniej spodziewanym momencie. Przez całe cztery lata w liceum nasza wychowawczyni-polonistka wpajała nam dwie rzeczy: że zanim zabierzemy się do pisania, trzeba mieć plan, oraz jak powinno wyglądać wzorcowe wypracowanie. Tak, tak, właśnie wzorcowe: „wstęp – rozwinięcie – zakończenie" i kilka rzeczy pomiędzy.

Jakby matura była mało stresującym przeżyciem, gdy zobaczyłem tematy, w mojej głowie nagle zaiskrzyło. Miałem plan, ale do wzorca było daleko, powiedziałbym nawet, że baaardzo daleko. Teraz sobie myślę, że to było dosyć brawurowe posunięcie ucznia profilu matematyczno-fizycznego na polu humanistycznym...

Jedna decyzja, jeden krok poza ramy – a tak wiele się zmieniło. Podczas oczekiwania na wyniki na słupskiej baszcie emocje miałem chyba większe niż przed startem w międzynarodowym mityngu: „Ale czy zrozumieli, co chciałem przekazać i co iskrzyło w mojej głowie?...".

OD STRESU DO OKLASKÓW

Na auli I LO w Słupsku wyniki odczytywała Krystyna Danilecka-Wojewódzka, ówczesna dyrektorka liceum (obecnie prezydentka Słupska). I tak szły oceny klasa po klasie od szósteczek do glanów. Mojego nazwiska ni widu, ni słychu.

– A teraz... praca, którą musiałam przeczytać dwa czy trzy razy... – powiedziała wreszcie dyrektor.

„Nie no, glan jak nic..." – pomyślałem sobie. Zachciało mi się eksperymentować.

– Marcin, jeżeli nie masz nic przeciwko, chciałabym przeczytać twoją pracę wszystkim.

Nie powiem, że stres aren sportowych jest mi obcy, ale to był zupełnie inny wymiar stresu, do którego nie byłem przyzwyczajony.

Jedna decyzja, jedno wyjście poza ramy skończyły się oklaskami całej szkoły. Nie będę się rozpisywał o samym wypracowaniu, ale generalnie plan był taki, żeby przejść przez temat jak przez podróż, podczas której spotykałem swoich ziomków literackich, tłumaczących mi to i tamto. Ktoś tam, zdaje się, czekał na Godota, był też Ernest H. (co to go powinni czytać prawdziwi dziennikarze podobno).

JEDNA DECYZJA!

Z MAT. - FIZU DO GAZETY

I tak mnie humanistycznie poniosło, że zaraz po liceum zacząłem współpracować z lokalnym dziennikiem. Tam w słynnym pokoju 107 szkoliłem się pod okiem doświadczonych dziennikarzy. Cyferek i liczb oczywiście nie odpuściłem – równolegle studiował emekonomię, no i skakałem wzwyż oczywiście.

Z czasem praca w gazecie stała się atrakcyjną rutyną. Z jednej strony cały czas działo się coś nowego, ale z drugiej – jak codziennie nowe, to do tego się człowiek przyzwyczaja i zaczyna traktować jak rutynę. Zachodziły też zmiany na rynku medialnymi polskie media za pieniądze stawały się „NIEpolskie". Z winiety naszej gazety zniknęło również słowo „niezależny".

Mniej więcej w tym czasie (rok 2005) do Irlandii wyjechał mój młodszy brat. Dał mi namiary na kilka gazet polonijnych ukazujących się w tym czasie w Dublinie, w tym do redakcji „EveningHeralda", który wydawał polski dodatek.

Udało się nawiązać współpracę i poszły pierwsze teksty. Chwila zadumy przyszła, gdy jak co miesiąc przeglądaliśmy w redakcji zszywki z gazetami, w których były miesięczne wyceny naszych tekstów. Za króciaka można było liczyć na 5–10 złotych (w zależności od humoru redaktora). A tu z Irlandii nagle pojawiło się...100 euro za podobny tekst. Dziś już wiem, że decyzja o wyjeździe zapadła właśnie wtedy. Niestety, na tamten czas to było za mało, żeby wyjść ze strefy komfortu i odejść z gazety.

ZAMIAST STRESU CZUŁEM ULGĘ

W 2006 roku było kolejne przejęcie na rynku medialnym. Moja gazeta wchłaniała drugi dziennik. To był też czas, gdy mieliśmy super zespół i na porannych zebraniach tematy same leciały z rękawa, współpraca pomiędzy działami była na przyzwoitym poziomie. Aż tu nagle... zaczęły się zwolnienia. Przyznam szczerze, że gdy usłyszałem swój wyrok po raz pierwszy (i ostatni, jak się okazało), zdenerwowałem się tą całą sytuacją. Nie byłem zły na sam fakt, bo o zmianach mówiło się od dawna i jak się później okazało, z redakcji odeszły praktycznie wszystkie osoby, z którymi dobrze mi się pracowało – a na końcu odeszła także osoba, która przekazywała mi złe wieści. Najbardziej wkurzyły mnie forma przekazu i kit, który przy tej okazji się pojawił.
Proste „Słuchaj, musimy zwolnić tyle i tyle osób – jesteś na liście" by wystarczyło. Niestety, zwalnianie pracownika ma to do siebie, że jest dużo mniej komfortowe niż puszenie się po drugiej stronie stołu podczas rozmów kwalifikacyjnych.

Po wyjściu z redakcji czułem się dziwnie – ulga, radość i motywacja do działania. Następnego dnia kupiłem bilet lotniczy linii Centralwings do Dublina i zacząłem przygotowywać swój nowyplan.

Patrząc na całą sytuację dzisiaj, powinienem co roku świętować dzień, w którym dostałem wypowiedzenie, bo dzięki temu w moim życiu zmieniło się bardzo wiele.

JEDNA DECYZJA DZIELI NAS OD OSIĄGNIĘCIA CELU. CZASAMI TO TYLKO MAŁY KROK…

Czasami ta decyzja może być całkowicie Twoja (czego Ci z całego serca życzę). Najczęściej jest jednak tak, że to jakaś życiowa sytuacja, iskrzenie w głowie powoduje, że musisz wyjść ze swojej strefy komfortu i podjąć ryzyko. Powtarzanie cały czas tej samej mantry i robienie w kółko tego samego nie przyniesie przecież innegorezultatu. Praktycznie w 99% emigracyjnych sytuacji zmiana kończyła się oklaskami na koniec. Oklaskami nie od widowni, ale dla samego siebie, że dzięki tej jednej decyzji udało się zrealizować własne cele. Takie jak:

- podróżowanie,
- większe zarobki,
- nauka języka,
- spłata kredytu,
- budowa domu,
- zdobycie doświadczenia w międzynarodowym towarzystwie,
- nabranie dystansu do tego, co dzieje się w Polsce,
- realizowanie planów bez względu na okoliczności.

Pamiętasz swoje cele, które wypisałeś na początku tej książki? Wróć do tej kartki i przeczytaj je teraz na głos.

MASZ ODWAGĘ PO NIE SIĘGNĄĆ? W takim razie przekonajmy się, co tak naprawdę powstrzymuje Cię od ich realizacji. Dlaczego tak wiele Twoich pomysłów kończy w szufladzie?

1

SEKCJA

#7

TU MARNUJESZ NAJWIĘCEJ CZASU

W jednym ze swoich sportowych projektów przygotowałem tekst, w którym pomagam przeanalizować nieudane próby zarówno zawodnikom, jak i trenerom skoczków wzwyż. Szybka analiza rozbiegu i samego skoku jest możliwa po zauważeniu prawidłowości... w sposobie strącenia poprzeczki. Po publikacji jednym z pierwszych komentarzy było: „Nigdy nie pomyślałbym, że tyle wniosków można wyciągnąć po nieudanych próbach".

Gdy dłużej się nad tym zastanowisz, nauczyć się czegoś i poprawić błędy możesz tak naprawdę dopiero po przestudiowaniu swoich błędów. W przypadku udanych skoków czujesz euforię, bo przecież udało Ci się pokonać poprzeczkę. Trener w takich sytuacjach zazwyczaj również jest bardziej pobłażliwy, ponieważ próba zakończyła się sukcesem. Nawet gdy przekaże Ci uwagi, te odbijają się jak od ściany. „Dlaczego mam coś poprawiać? Przecież przeskoczyłem".

Dobrym przykładem jest Keith, zawodnik irlandzkiego klubu, rywalizujący w konkursie skoku wzwyż podczas klubowych mistrzostw Europy w Birmingham. Keith jest filigranowym, niskim zawodnikiem, więc jego skoki wyglądają bardzo efektownie. Szybki i skoczny, na niskiej wysokości z dużym zapasem pokonał poprzeczkę. Niestety, popełnił przy okazji wiele błędów technicznych, które na większych wysokościach skończyłyby się zrzutką.

Uwagi trenerów odrzucił na bok – wolał w tym czasie przybijać piątki z zawodnikami, którym chciał zaimponować faktem, że wysokość 190 centymetrów przeskoczył z 30-centymetrowym zapasem.

Mogło się to podobać, ponieważ przy wzroście 170 centymetrów i filigranowej posturze wyglądało to bardzo efektownie. Niestety, już pięć centymetrów wyżej spełnił się czarny scenariusz i mimo dużego zapasu porzeczka trzykrotnie spadła. Keith zakończył konkurs na ostatnim miejscu. Oczywiście próbował na różne sposoby wytłumaczyć swoje niepowodzenie i podkreślać swoje przewyższenie na niskiej wysokości. Pod tym względem skok wzwyż jest okrutny. Nieważne, jak wysoko skaczesz na niskich wysokościach, skoro już kilka centymetrów wyżej nie umiesz pokonać poprzeczki.

CO STOI NA DRODZE DO SUKCESU?

W skoku wzwyż poprzeczka nie zawsze spada tak samo. Sposoby, w jakie spada ze stojaków, można podzielić na trzy podstawowe grupy i na tej podstawie ustalić, jak można poprawić coś przed kolejnym skokiem.

W życiu jest podobnie – uczyć się możemy na błędach albo na zrozumieniu, co tak naprawdę stoi nam na drodze do osiągnięcia sukcesu. Nie mówię tu tylko o własnej firmie czy nowym samochodzie. Dla wielu osób sukcesem może być znalezienie czasu dla swoich dzieci, całowanych z rana, przed wyjściem do pracy, gdy jeszcze śpią, a później widzianych dopiero późnym wieczorem, gdy już śpią. Czas jest czymś, czego stale nam brakuje.

Okazuje się, że są miejsca i sytuacje, w których nie tylko spędzamy najwięcej czasu, ale również tracimy go najwięcej.

POZNAJ CZTERECH ZŁODZIEI CZASU

Zanim przejdę dalej, chcę, żebyś zrozumiał, że rzeczy, o których mowa, niekoniecznie są totalną stratą czasu. Jeżeli znajdują się na liście, nie znaczy również, że są mało ważne. Fakt, że są na liście, oznacza, że zajmują nam więcej czasu, niż to potrzebne. Właśnie w tych obszarach będziesz mógł odnieść swoje pierwsze, a być może największe zwycięstwa, jeżeli chodzi o poprawę produktywności i odzyskiwanie straconego czasu.

Przypomnij sobie szybko, czy wysłałeś kiedyś maila do kogoś tylko po to, żeby otrzymać odpowiedź, która wymagała kolejnej odpowiedzi. Chodzi o wysyłanie wiadomości tam i z powrotem, być może po to, żeby zrozumieć siebie nawzajem i potrzeby drugiej osoby. Oczywiście musisz doliczyć do całego procesu czas oczekiwania na odpowiedź z drugiej strony. Nawet jeśli Twój rozmówca odpowiada natychmiast – co zdarza się rzadko – tracisz w tej sytuacji dużo czasu. Gdybyś zamiast tego w pierwszym mailu umówił się na rozmowę telefoniczną lub od razu zadzwonił, uniknąłbyś całego oczekiwania i doszlibyście do porozumienia znacznie szybciej. Zwykły telefon skróciłby cały ten proces i pozwoliłby na o wiele szybszą realizację celu.

To być może prosty, ale bardzo trafny przykład marnowania czasu. I zwróć uwagę, że podobne rzeczy dzieją się każdego dnia.

Teraz przejdźmy do obszarów, w których tracimy najwięcej czasu. Oczywiście każdy z nas jest inny, więc pisanie tutaj o jakichkolwiek średnich czy bardziej szczegółowych statystykach mija się z celem. Mógłbym przytoczyć fakt, że przeciętny Polak ogląda telewizję przez 4 godziny i 36 minut dziennie, a przeciętny sprzedawca spędza dziennie około 45 minut na sprawdzaniu skrzynki mailowej. W tym przypadku te średnie pozostają bez znaczenia, ponieważ każdy inaczej alokuje swój czas. Przekazuję Ci jednak ogólne obserwacje, a w dalszej części książki otrzymasz dostęp do narzędzi i technik, które pozwolą Ci unikać tych sytuacji.

OTO TWOI #CZASOPOŻERACZE

1. Czynności, które są uzależnione od interakcji z innymi.

Tu nie ma niespodzianek i chyba w pełni się ze mną zgodzisz, że nasza produktywność jest uzależniona bardzo często od kogoś innego. To uwzględnia również wcześniej wspomniane maile. Czekanie kilka dni na odpowiedź od menedżera lub szefa tylko po to, żebyś mógł rozpocząć pracę nad projektem, to chyba najlepszy przykład.

2. Niepotrzebny wysiłek oraz robienie rzeczy powoli lub nieefektywnie.

Najlepszym przykładem może być bieganie 1,5 godziny nabieżni w sytuacji, gdy mógłbyś spalić tyle samo kalorii i tłuszczu podczas 12-minutowego dobrze przygotowanego zestawu ćwiczeń.

Innym przykładem może być wielokrotne wyszukiwanie tego samego pliku, którego i tak potrzebujesz kilka razy dziennie.

3. Problemy i straty spowodowane złą organizacją pracy.

Jeżeli jesteś osobą, która prasuje jedną koszulę, składa ją, idzie odłożyć do szafy, a później wraca zrobić to samo z drugą i trzecią – to jest dokładnie sytuacja, której będziemy starali się pozbyć.

4. Poświęcanie czasu na rzeczy, które nie są tego warte.

Krótko mówiąc, codziennie tracisz wiele czasu na robienie rzeczy, które i tak nie dadzą rezultatów. Być może znasz kogoś, kto upiera się, że koniecznie musi sam naprawić swoje auto, nawet jeżeli zajmie mu to 12 godzin. Po tym czasie i tak się podda i odda samochód do warsztatu, ponieważ nie wszystko poszło tak, jak się tego spodziewał – to najlepszy przykład takiego nieefektywnego działania.

Musisz być sam ze sobą szczery i odpowiedzieć sobie na pytanie, co jest, a co nie jest efektywnym wykorzystaniem Twojego czasu. Myślę jednak, że już zauważyłeś niektóre z tych rzeczy w swoim życiu codziennym i zdecydowałeś się je poprawić. Niestety, to nie są jedyne przeszkody, które stoją na drodze do Twojego sukcesu. Będziesz musiał przejść jeszcze przez sześciopak.

Jeśli kiedykolwiek pracowałeś nad mięśniami brzucha i chciałeś mieć piękną kratkę na brzuchu, wiesz, ile pracy to wymaga. Nie tylko na siłowni, ale również przy pilnowaniu tego, co jesz. Wyrzeźbiony brzuch był powodem do dumy, każdy Ci go zazdrościł. Niestety, ten sześciopak, o którym mówię, nie prowadzi do niczego dobrego. **To przeklęty sześciopak!** Tylko gdy się go pozbędziesz, będziesz mógł osiągnąć więcej.

Zanim jednak do niego przejdziemy, mam dla Ciebie kolejne ćwiczenie.

SKOK #3

Który z poniższych przykładów nie jest dobrym powodem, dla którego warto zwiększyć produktywność i przyspieszyć realizację celów?

1. Chcę więcej pracować w ciągu tygodnia.
2. Chciałbym spędzić więcej czasu z rodziną i znajomymi.
3. Potrzebuję więcej czasu na dodatkowy projekt, który jest związany z moją pasją.
4. Potrzebuję więcej czasu na zdrowszy tryb życia, na przykład regularne ćwiczenia.
5. Chcę wykonać taki sam nakład pracy w krótszym okresie czasu.

#8

PRZEKLĘTY SZEŚCIOPAK

Wszystkie wymienione wcześniej #czasopożeracze wiążą się z sytuacją, gdy poprzeczka już spadła po nieudanym skoku. W życiu nie jest to jednak aż tak widoczne jak w sporcie. Nawet gdy spędzimy mnóstwo czasu na wykonywaniu jakiejś czynności i w końcu ją zrobimy, rzadko analizujemy i zastanawiamy się, czy moglibyśmy to zrobić lepiej lub szybciej. Przecież się udało i #PrzeskoczyliśmyTo! W końcu jak facet powie, że naprawi te skrzypiące drzwi, to naprawi i nie trzeba mu co pół roku przypominać.

DLACZEGO POPRZECZKA SPADA?

Podobnie jak w rozdziale o spadającej poprzeczce w skoku wzwyż postaram się pokazać Ci prawidłowość, dzięki której łatwo zobaczysz, dlaczego #czasopożeracze wkraczają do Twojego życia. Jesteś gotowy popracować nad swoim przeklętym sześciopakiem? No to zaczynamy!

Słyszałeś kiedyś, że żeby zostać najlepszym sprinterem, trzeba być z metra ciętym i napakowanym jak kulturysta? Przecież wysocy w tej dyscyplinie nie mają szans. Powiedz teraz UsainowiBoltowi, rekordziście świata na 100 i 200 metrów, że słabo wpasował się w ten mit. A może słyszałeś, że skoczkowie wzwyż muszą być wysocy i smukli, żeby wysoko skakać? Tu polecałbym się zgłosić do Stefana Holma, Ivana Ukhova czy Roberta Wolskiego i przekazać im, że niestety, ale według Twojego przekonania oni nie mogą tak wysoko skakać.

To właśnie famy i powielane bezsensownie przez lata osądy są powodem największych problemów i ogromnych strat czasu. Nie tylko trzymamy się kurczowo tych stereotypów, ale, co gorsza, na ich podstawie podejmujemy mnóstwo decyzji. Stwierdzenie, że w życiu można do czegoś dojść jedynie przez pracę na etacie, znakomita większość z nas traktuje jak świętość. Z pewnością słyszałeś powiedzenie „kłamstwo powtarzane tysiąc razy staje się prawdą". I tak przekazywane latami rozmaite mity i półprawdy wgryzają się w naszą świadomość i z czasem zaczynają być traktowane jako pewnik. Na domiar złego, bazując na tych mitach, zaczynamy podejmować nasze decyzje, w tym te najważniejsze w życiu.

PRZEKLĘTY SZEŚCIOPAK

1. Wszystko, co robię, jest ważne.
2. Będzie szybciej, gdy zrobię wszystko naraz.
3. Muszę tylko być zdyscyplinowany.
4. O każdej porze dnia i nocy.
5. Bez problemu pogodzę wszystko.
6. I nic mi w tym nie przeszkodzi.

To jest sześć grzechów głównych, gdy mówimy o podcinaniu sobie skrzydeł i odkładaniu kolejnych planów na wieczne później. W kolejnych rozdziałach nie tylko pomogę Ci je zrozumieć, lecz także podpowiem, jak szybko zacząć z nimi walczyć. Efekty zauważysz niemal natychmiast po wprowadzeniu w życie tych wskazówek. Zacznijmy od najważniejszego…

WSZYSTKO, CO ROBIĘ, JEST WAŻNE

Zanim omówimy ten punkt, musimy powiedzieć sobie jasno – jest ogromna różnica pomiędzy byciem wydajnym a byciem efektywnym. Możesz być niezwykle wydajny, pracując nad jakimś zadaniem, możesz realizować wszystko bardzo sprawnie. Jeżeli jednak samo zadanie nie jest istotne – cały Twój wysiłek jest niewiele wart. Aby wydajność i efektywność szły w parze, musisz zrozumieć, które elementy Twoich priorytetowych zadań wpływają na jakość oraz gwarantują pożądany efekt. Elementy, ponieważ każde zadanie, podobnie jak trening, można rozłożyć na poszczególne aspekty o stopniu istotności uzależnionym od uprawianej dyscypliny sportu.

Jeżeli jesteś sprinterem, nie biegasz na treningu maratonów. Jeżeli jesteś skoczkiem, na siłowni starasz się zwiększać moc bez budowania dużej masy mięśniowej. Nawet wykonując podobne ćwiczenia, skupiasz się na innych aspektach i co najważniejsze– na tym, co działa.

No właśnie, najważniejsze w treningu sportowym jest skupieniesię na tym, co działa na Ciebie najlepiej. Fakt, że inny zawodnik wykonuje te ćwiczenia i osiąga sukcesy, nie znaczy, że wystarczy skopiować jego plan treningowy, który zagwarantuje sukces też Tobie. W większości przypadków za sukces odpowiadanie więcej niż 20% rzeczy, które wykonujemy. Najbardziej efektywni jesteśmy również przez zaledwie 20% czasu, który poświęcamy na jakieś zadanie. Rozumiesz, do czego zmierzam? Zaledwie 20% rzeczy na Twojej liście jest naprawdę istotne. W rzeczywistości jest ich o wiele mniej, o czym powiem Ci trochę później.

Teraz jednak powiedzmy sobie jasno…

RÓWNOŚĆ NIE ISTNIEJE

To pierwszy punkt, który musisz wziąć do serca, jeżeli poważnie myślisz o realizacji życiowych planów. Zawsze będą rzeczyważne i ważniejsze. Zawsze będzie jedna rzecz, która sprawi, że pozostałe staną się mniej ważne. Chcielibyśmy wierzyć, żew społeczeństwie wszyscy jesteśmy równi i możemy tyle samo, ale tak nie jest. W takim razie przygotujmy się do wyścigu. Gotowy?

Wyobraź sobie, że ustawiamy 100 osób (łącznie z Tobą) na końcowej linii boiska. Za każdą odpowiedź „tak" możesz zrobić dwa kroki do przodu. Jeżeli odpowiedź brzmi „nie", pozostajesz na swoim miejscu.

Pamiętaj, że to jest wyścig, a odpowiedzi na pytania determinują Twoją pozycję startową.

Oto pytania:
1. Jeżeli Twoi rodzice są nadal razem – zrób dwa kroki do przodu.
2. Jeżeli Twój ojciec był obecny w Twoim domu oraz życiu– zrób dwa kroki do przodu.
3. Jeżeli miałeś dostęp do systemu edukacji i nigdy nie musiałeś się o to martwić – zrób dwa kroki do przodu.
4. Jeżeli nigdy nie musiałeś się martwić, czy masz wystarczająco dużo pieniędzy na swoim telefonie komórkowym – zrób dwa kroki do przodu.

5. Jeżeli nigdy nie musiałeś pracować, żeby pomóc rodzicom w płaceniu rachunków – zrób dwa kroki do przodu.

6. Jeżeli nigdy nie musiałeś się martwić, czy i co zjesz na swój kolejny posiłek – zrób dwa kroki do przodu.

Pytań może być więcej i żadna odpowiedź nie będzie dotyczyła bezpośrednio tego, co sam zrobiłeś lub na co miałeś wpływ, ani decyzji, które musiałeś podejmować. Założę się, że masz w swoim otoczeniu osoby, które już na starcie zostałyby dalekow tyle. Być może sam jesteś jedną z nich. Czy to znaczy, żenie możesz się ścigać? Oczywiście, że nie. To ćwiczenie miało na celu pokazać, jak wiele osób otrzymało fory przed rozpoczęciem wyścigu, ale nie umie tego dostrzec. Dla tych, którzy pozostali w tyle, nie ma wymówek – nadal muszą wziąć udział w tym życiowym wyścigu. Oni jednak rozumieją dużo lepiej, że równość nie istnieje.

Jeżeli następnym razem zaczniesz się nad sobą użalać, pomyśl, ile kroków do przodu zrobiłeś w tym wyścigu, jakie fory dostałeś, nie robiąc absolutnie nic, nie podejmując żadnych decyzji. Jeżeli zostałeś w tyle, nadal możesz dogonić resztę i wygrać ten wyścig. Musisz jednak skupić się na tym, co ważne, i na tym, co działa.

POZNAJ ZASADĘ PARETA

Być może spotkałeś się już z tym sformułowaniem i rozumiesz, na czym polega. Jeżeli nie, teraz będzie trochę historii oraz teorii efektywności i produktywności.

Nazwa wywodzi się od włoskiego ekonomisty i socjologa Vilfreda Pareta, który w XIX wieku zaobserwował, że 80% ziemi we Włoszech należy do 20% obywateli. Rozwijając ten pogląd, doszedł do wniosku, że 80% zysków otrzymujemy zaledwie 20% starań. Ta zasada jest znana również pod nazwą 80:20, chociaż, jak się dowiesz z dalszej części książki, proporcje mogą być zupełnie inne – jeszcze bardziej skrajne.

Jeżeli prowadzisz firmę lub jesteś sprzedawcą, zapewne zauważyłeś, że 80% klientów daje Ci zaledwie 20% Twojego przychodu. Skupiając się na pozostałych 20% klientów, którzy generują 80% przychodów, możesz stać się jeszcze bardziej efektywnym oraz rozwinąć biznes znacznie szybciej. Z drugiej strony pewnie wiesz, że zawsze znajdzie się 20% klientów, którzy są odpowiedzialni za 80% Twoich zmartwień i problemów. Gdy przyjrzysz się temu bliżej, zauważysz, że ta zasada ma zastosowanie praktycznie we wszystkich aspektach naszego życia. Na przykład zaledwie 20% słów w danym języku jest wykorzystywana w 80% wszystkich rozmów; 80% rzeczy, które czytasz, daje Ci zaledwie 20% nowych informacji. Po co więc marnować czas na te wszystkie dodatkowe artykuły? Możesz nawet pokusić się o stwierdzenie, że zaledwie 20% (jeżeli nie mniej) osób w Twoim życiu jest odpowiedzialnych za Twoją radość, pewność siebie i wsparcie.

PRODUKTYWNOŚĆ WEDŁUG PARETO

W myśl tej zasady zdecydowana mniejszość tego, co robimy, wpływa na większość efektów naszej pracy lub osiągnięcia. Chyba się ze mną zgodzisz, że w życiu, tak jak w biznesie, sprawy nie są sobie równe. Większość efektów może być wywołana przez kilka lub nawet jedną rzecz czy działanie. Tylko 20% naszego nakładu pracy daje nam 80% rezultatów.

Nie wystarczy więc być pracowitym jak mrówka. Trzeba również wiedzieć, jak i gdzie tę energię spożytkować, żeby przyniosła jak najlepsze rezultaty. W wielu przypadkach wystarczy jedynie minimalny nakład, żeby osiągnąć takie same rezultaty. To podejście nie działa dla wszystkich celów, ale pozwoli Ci zwiększyć efektywność tam, gdzie tego najbardziej potrzebujesz. Gdy masz więc pełną listę rzeczy do zrobienia, zapewne jest na niej mnóstwo takich, które możesz zrobić, ale znacznie mniejtych, które powinieneś zrobić.

Do tego tematu wrócimy w dalszej części książki, ale już teraz zastanów się przez chwilę: w jaki sposób nadajesz tym rzeczom priorytety na swojej liście? W jaki sposób decydujesz, co jest najważniejsze?
PAMIĘTAJ: Nie wszystko jest równie ważne, a sukces nie należy się automatycznie temu, kto najwięcej pracuje.

Teraz mam dla Ciebie kolejne ćwiczenie, które pozwoli Ci odzyskać trochę zmarnowanego czasu oraz poprawić produktywność.

SKOK #4

Znajdź jedną–dwie rzeczy, w których czujesz, że zmarnowałeś Twój wysiłek, i zastanów się, które 20% wykonanej pracy powinno pozostać, a które 80% czasu powinieneś i mógłbyś wykorzystać na coś innego.

1. ....
2. ....

Nawet jeżeli siedzisz na nudnym spotkaniu lub piszesz przydługiego maila, zastanów się: „Gdybym miał usunąć jakieś elementy, co by to było?". Oczywiście nie zawsze będziesz mógł zastosować te zasady, szczególnie w kwestii spotkań, ale chodzi o wyrobienie nawyku i rozpoczęcie myślenia w ten sposób. Dzięki temu będzie Ci o wiele łatwiej podejmować decyzje, pracując nad własną listą rzeczy do zrobienia.

BĘDZIE SZYBCIEJ, GDY ZROBIĘ WSZYSTKO NARAZ

Wyobraź sobie sytuację, że przez tydzień nie mogłeś pójść na trening i chcesz nadrobić stracony czas. Przecież wystarczy wziąć plan treningowy, zsumować ćwiczenia, liczbę powtórzeń i zrobić wszystko jednego dnia. Wystarczy tylko zebrać te wszystkie rzeczy i zrobić je wszystkie naraz.

Ta książka jest między innymi o motywacji i zwiększeniu produktywności. Myślisz pewnie, że nauczę Cię supersztuczek, dzięki którym będziesz mógł robić 10 rzeczy jednocześnie, żeby przyspieszyć realizację Twoich celów oraz marzeń. W dzisiejszych czasach, gdy możliwości rozwoju są praktycznie nieograniczone, bardzo kuszące jest robienie wielu rzeczy naraz. W końcu czeka tyle fajnych aktywności, więc żeby nie tracić czasu, najlepiej wykonywać wszystkie równolegle. Tu niestety wpadamy w kolejną pułapkę i tracimy mnóstwo czasu.

Wielozadaniowość (multitasking) to kolejny mit, z którym musisz się zmierzyć. W myśl zasady Pareta 80% przypadków wykonywania wielu czynności naraz bardziej przeszkadza, niż pomaganam osiągać cele. To dotyczy nie tylko produktywności, ale również jakości wykonania planu.

Do dobrej wielozadaniowości wrócimy w dalszej części książki. Teraz skupmy się na negatywnym wpływie multitaskingu na nasze życie.

JAK ZEPSUĆ WIĘCEJ RZECZY NARAZ?

Dzisiejsza rzeczywistość jest zupełnie odmienna od tej, w której żyli nasi rodzice. Wszechobecna technologia, telefony komórkowe z dostępem do skrzynki e-mail, powszechny dostęp do Internetu sprawiają, że mamy pokusę robienia wielu rzeczy jednocześnie. Dodatkowo mamy poczucie, że dzięki temu oszczędzamy czas, ponieważ więcej się dzieje.

PAMIĘTAJ: Nic nie dzieje się jednocześnie. Gdy robisz kilka rzeczy naraz, tylko przeskakujesz z jednego zadania do drugiego.

Niestety, takie rozpraszanie uwagi pomiędzy trzema lub więcej zadaniami niesie ze sobą bardzo wysoki koszt. Doświadczasz bowiem momentów, w których trudno Ci skupić się ponownie na wykonywanych czynnościach. Jestem pewien, że przeżyłeś to już wcześniej. Wyobraź sobie sytuację na treningu, gdy podczas sprawdzianu na siłowni lub skoczni koncentrujesz się, ponieważ chcesz poprawić swój wynik z ubiegłego miesiąca. Nagle do siłowni wchodzi dawny znajomy, z którym nie widziałeś się przez wiele lat. Po rozmowie próbujesz ponownie skupić się na swoim zadaniu, ale czujesz, że to już nie to. Całe skupienie nagle się ulotniło.

Podobnie może być w biurze, gdy pracujesz nad nowym budżetem lub planem sprzedażowym. Pochłonięty arkuszem kalkulacyjnym, jesteś jak najlepsi sportowcy w swojej strefie (*in the zone*). I wtedy nagle dzwoni telefon, który musisz lub chcesz odebrać. Po zakończeniu rozmowy potrzebujesz trochę czasu, żeby ponownie skupić uwagę na swoim zadaniu. Czasami taki powrót sprawia dużo kłopotów.

Być może wydaje Ci się, że ten moment rozproszenia trwa zaledwie kilka sekund, ale w rzeczywistości jego długość jest uzależniona od stopnia komplikacji Twojego zadania. To może ciągnąć się nawet do 15 minut. Nigdy nie ma też gwarancji, że wrócisz do zajęcia z takim samym zapałem lub poziomem koncentracji jak wcześniej.

Decyzja o przeskoczeniu do innej czynności i powrót do wcześniejszego zadania sprawiają, że tracisz mnóstwo czasu i tak naprawdę zakończenie może potrwać trzykrotnie dłużej, niż gdybyś wykonywał tę samą czynność bez żadnej przerwy. Cierpi na tym również jakość wykonywanego działania. Być może jesteś dumny, że w pracy możesz jednocześnie odpisywać na maile klientów, słuchać audiobooka na słuchawkach oraz prowadzić luźne rozmowy z kolegami biurko obok. Przez te momenty rozproszenia może się okazać jednak, że będziesz musiał przeczytać ponownie maila, którego właśnie napisałeś, albo przewinąć audiobooka, bo umknęło Ci 20 minut i za nic nie potrafisz sobie przypomnieć, co było w tym czasie omawiane. Kolegę z pracy poprosisz o powtórzenie, ponieważ gdy opowiadał o czymś ciekawym, Ty skupiłeś się na mailu do klienta.

KARA ZA WIELOZADANIOWOŚĆ

Jak sam widzisz, tylko po krótkiej analizie dwóch pierwszych punktów z przeklętego sześciopaka - tu nie chodzi o fakt, że mamy zbyt mało czasu na realizację naszych celów. Większy problem stanowią brak priorytetów i określenia tego, co jest najważniejsze na drodze do sukcesu, oraz nasza własna presja i potrzeba zajmowania się wszystkimi sprawami z listy naraz. W takim przypadku nawet gdybyś zapisał cały maszynopis i po kolei odhaczał kolejne punkty, nadal nie będziesz widział efektów, a poziom frustracji i przytłoczenia zadaniami będzie wzrastał.

W sytuacjach wymagających Twojego pełnego zaangażowania wielozadaniowość jest Twoim najgorszym wrogiem. Ceną, którą zapłacisz, nie będzie niestety tylko niedokończenie jednego zadania.

Jak się przekonasz w dalszej części książki, ludzki mózg ma określone możliwości – trwoniąc skupienie, nie tylko wydłużysz czas pracy, ale też znacznie utrudnisz sobie podejmowanie ważniejszych decyzji. Gdy drugie zajęcie, na które musiałeś przeskoczyć, pochłonie Cię bardziej lub będzie sprawiało Ci więcej przyjemności– mało prawdopodobne, że powrócisz do pierwszego zadania. Właśnie w ten sposób tak wiele naszych planów ląduje na dnie szuflady, żeby czekać na swoje wieczne kiedyś. Klątwie niedokończonych zadań poświęciłem nawet osobny rozdział.

Przeskakiwanie między zadaniami to również duża strata czasu. Czasu, którego, jak sam wspominałeś, masz stale za mało. To jest czas, który mógłbyś spędzić ze swoimi bliskimi lub robiąc to, co kochasz. Trudno Ci będzie również dobrze oszacować, ile tak naprawdę zajęła Ci dana czynność – ponadto istnieje duże prawdopodobieństwo, że zaczniesz popełniać więcej błędów. Czyli w rzeczywistości możesz zepsuć dużo więcej. Jedną z najgorszych kar, którą przyjdzie Ci zapłacić, jest jednak rosnący poziom frustracji i stresu, spowodowany piętrzącymi się rzeczami, „które musisz zrobić". To z kolei może odbić się nie tylko na Twoim zdrowiu, ale również na relacjach z rodziną i znajomymi.

WIELOZADANIOWOŚĆ POD LUPĄ

Wielozadaniowość, czyli multitasking, stała się przedmiotem badań. Clifford Nass wraz ze swoim zespołem badawczym na Uniwersytecie Stanforda przeprowadził badania na grupie 262 studentów. Poproszono grupę badawczą oraz grupę kontrolną o wykonywanie poleceń związanych z przełączaniem się pomiędzy zadaniami. Założenie eksperymentu było takie, że osoby, które wcześniej same przyznały, że stosują wielozadaniowość, wypadną dużo lepiej.

Okazało się jednak, że mózgi wielozadaniowców pracują mniej efektywnie – te osoby traciły mnóstwo czasu na błahostki. Jak powiedział sam Nass, „robili wiele rzeczy, ale każdą słabo".

ISTNIEJE DOBRA WIELOZADANIOWOŚĆ?

Tak jak wcześniej wspominałem, w 80% przypadków wielozadaniowość to największe zło, które może Ci się przytrafić, gdy musisz się w pełni na czymś skoncentrować. To oznaczałoby, że pozostałe 20% przypadków pomoże nam realizować cele i spełniać marzenia. Tym rodzajem wielozadaniowości zajmę się w trzeciej sekcji, poświęconej poprawie produktywności. Teraz wracamy do kolejnego punktu naszego przeklętego sześciopaka.

MUSZĘ TYLKO BYĆ ZDYSCYPLINOWANY

Nie wiem, jakie masz skojarzenia ze słowem „dyscyplina", ale zawsze gdy ja słyszę to słowo, widzę Emiliana Kamińskiego grającego dyrektora szkoły w filmie *Pan Kleks w kosmosie*, śpiewającego: „Sztywno, równo i posłusznie. A do tego bez wahania. Dyscyplina, dyscyplina. To podstawa wychowania".

Dyscyplina nie kojarzy się z czymś pozytywnym. Samo brzmienie tego słowa przyprawia o dreszcze, bo kojarzy się z wysiłkiem, nudą, zmuszaniem się do czegoś, czego nie lubimy. A jeżeli już czegoś nie lubimy, to zrobimy wszystko, żeby tego nie robić. Z drugiej jednak strony osoby osiągające sukcesy w sporcie lub biznesie postrzegamy jako wyjątkowo sumienne i zdyscyplinowane. Z podziwem patrzymy, jak niemal automatycznie wykonują powtórzenia, podpisują kolejne umowy i osiągają coraz lepsze rezultaty.

Wiele osób właśnie wtedy mówi do siebie: „Ja nigdy nie osiągnę sukcesu, bo nie jestem taki zdyscyplinowany". To kolejny mit, z którym musimy się zmierzyć.

Nie potrzebujesz wcale więcej dyscypliny, żeby osiągnąć sukces! Potrzebujesz jej jedynie tyle, żeby wyrobić w sobie nowe, lepsze nawyki!

NAWYK KOSZTUJE MNIEJ

Pierwszy raz na treningu i słuchanie uwag trenera tłumaczącego, jak wykonać jakieś ćwiczenie, wiąże się nie tylko ze skupieniem, ale również ze stresem i frustracją. Widzisz, że inni zawodnicy wykonują ćwiczenie płynnie i wyglądają na zrelaksowanych, podczas gdy Ty strasznie się pocisz i do tego masz słabo skoordynowane ruchy. Męczysz się strasznie, a inni wykonują ćwiczenia z uśmiechami na twarzach.

Podobnie jest w pracy, gdy po raz pierwszy przychodzisz do firmy, a zakres obowiązków znacznie różni się od tego, co robiłeś wcześniej. Po jednym dniu pracy w skupieniu i po nauce nowych zadań czujesz, jakby miała Ci eksplodować głowa. Wieczorem padasz zmęczony, jakbyś cały dzień woził kamienie taczką, a nie siedział przy komputerze.

Wtedy przychodzi tajemniczy moment, magiczna linia mety, po której zaczynasz wykonywać nowe zajęcia lub powtarzać ćwiczenia zupełnie naturalnie. Przestajesz o nich myśleć. Zamiast wielkiego skupienia i stresu czujesz radość z czynności. Twoja pewność siebie z dnia na dzień rośnie, masz poczucie dumy, że robisz coś równie sprawnie jak inni.

TO SPRINT, A NIE MARATON

Ten okres, w którym musisz być bardziej zdyscyplinowany, ucząc się nowych rzeczy i nawyków, jest tak naprawdę bardzo krótki. To w ogólnej skali mały skok lub krótki sprint, jak wolisz, żeby wyrobić w sobie nowy nawyk. Po tym czasie nie tylko potrzebujesz dużo mniej energii, żeby wykonać daną czynność, ale również zajmuje Ci ona mniej czasu. A przecież na tym najbardziej Ci zależy – żeby mieć więcej czasu.

Właśnie dlatego gdy zapytasz najlepszych zawodników lub biznesmenów, jaki jest ich sekret dotyczący motywacji, nie wszyscy będą umieli Ci odpowiedzieć. Dla wielu z nich to będzie norma, ponieważ mają wypracowanych wiele pozytywnych nawyków i nawet się nad tym nie zastanawiają. Robią to automatycznie, wykorzystując przy tym minimalne potrzebne zasoby energii.

WSZYSTKO STAJE SIĘ PROSTSZE

Pracując nad tą książką i realizując kilka innych projektów, słyszałem wielokrotnie: „Jesteś mega zorganizowany", „Tam u was, w Irlandii, to wszystko dzieje się wolniej i masz więcej czasu", standardowo „Dla mnie doba jest za krótka, nie wiem, w co ręce włożyć". Gdy ktoś mówi mi o zorganizowaniu, patrzę na swoje biurko, które podczas prowadzenia badań i zbierania informacji do kolejnych projektów wygląda jak po wybuchu bomby atomowej. Artystyczny nieład – to najtrafniejsze określenie. Organizacja – owszem, ale na pewno nie lęk przed chaosem, z którego może wyłonić się coś dobrego.

Na kwestię czasu składają się dwie rzeczy. Po pierwsze skoro ludzie w Irlandii mogą pracować w spokoju, wykonywać swoje obowiązki i firmy świetnie się rozwijają, to jest to sygnał dla innych przedsiębiorców, że przeniesienie tego modelu do Polski może dać podobne rezultaty. Dla mnie jednak ważniejsza jest nna rzecz.

Dzięki temu, że poświęciłem czas na wypracowanie nawyków oraz systemu, który pozwala mi realizować kolejne projekty szybciej, mogę spędzać więcej czasu z rodziną. Tajemnicą sukcesu tego systemu jest skupianie się tylko na tym, co jest ważne. Sama świadomość, że wiesz, co należy zrobić, to podstawa, ponieważ wiesz również, czego nie trzeba robić.

Pamiętasz zdanie z początku książki? „Dobrze wiem, co trzeba zrobić, ALE..." Jeżeli wyrzucisz „ale" z tego zdania, wszystko stanie się prostsze. Zrobisz, co trzeba, od razu, bez odwlekania. I nagle okaże się, że masz mnóstwo czasu na inne rzeczy.

Wyrzucanie „ale" to nawyk, który musisz w sobie wyrobić.Zaraz się przekonasz, że to trwa krócej, niż myślisz.

TWOJA DROGA 66

Doszliśmy do momentu, w którym musimy postawić sobie zasadnicze pytanie: „Ile tak naprawdę trwa wyrobienie nowego nawyku?".Na to pytanie nie ma jednoznacznej odpowiedzi, ponieważ wiele zależy od tego, jak bardzo złożone jest zadanie, które przed sobą postawiłeś. Jeżeli chcesz wyrobić w sobie nawyk wstawania codziennie pół godziny wcześniej, to może Ci to zająć dużo mniej czasu niż zastąpienie szklanką wody pierwszej porannej kawy, którą z namaszczeniem piłeś przez ostatnie cztery lata.

Z drugiej strony złe nawyki wchodzą w życie jakoś tak bardziej naturalnie i znacznie szybciej. Znajomy trener oszczepników powiedział mi kiedyś, że potrzeba tylko 100 złych rzutów, żeby zepsuć technikę, a ponad 1000 dobrych rzutów, żeby później to naprawić. Podobnie jest z jedzeniem słodyczy. Z jednej tabliczki czekolady przy okazji bardzo szybko robią się: jedna czekolada dziennie, kilka muffinek oraz kilka litrów napojów gazowanych tygodniowo.

Wiem, co mówię. W moim przypadku ze słodyczami wcześniej było tak, że mogłem ich nie jeść miesiącami, ale gdy poczułem krew, słodyczomanii nie było końca. Do dziś pamiętam moje 30. urodziny, gdy znajomi w prezencie dali mi 30 pudełek ptasiego mleczka (dziękuję, kochani). Nie wiem, czy wytrzymały miesiąc. Późniejsza walka o odłączenie tego słodkiego strumienia była bardzo trudna i zdecydowanie pochłonęła dużo więcej energii.

Podobnie jak w przypadku wielozadaniowości, przeprowadzone zostały badania mające na celu określenie, jak długo musimy się trzymać w ryzach, dopóki nowa czynność nie wejdzie nam wnawyk. Naukowcy z University College w Londynie postanowili określić, gdzie leży ów punkt, po którego przekroczeniu zaczynamy robić rzeczy automatycznie, bez zastanawiania. Uczeni uznali, że stan automatyzacji to sytuacja, w której badani poświęcali na wykonanie tego samego zadania o 95% mniej energii niż początkowo. Aż 95% mniej energii! To oznacza, że po przekroczeniu tego punktu podtrzymanie nawyku wymaga minimalnego zużycia nie tylko energii, ale i czasu. Naukowcy ustalili, że średni czas potrzebny na wyrobienie nowego nawyku to... 66 dni. W przypadku prostszych zadań potrzeba było na to niewiele ponad dwa tygodnie, w przypadku bardzo skomplikowanych – ponad osiem miesięcy.

Jeżeli przyjrzysz się bliżej swojej sytuacji oraz temu, ile czasu musiałeś uczyć się jakiejś nowej czynności w pracy lub ćwiczenia na treningach, zobaczysz dokładnie tę prawidłowość.

SKUP SIĘ NA TYM, CO WAŻNE

W życiu, podobnie jak w sporcie, najlepszą drogą jest skupianie się na jednej rzeczy naraz. Ta sama zasada dotyczy wyrabiania nawyków. Nie staraj się pracować nad kilkoma nawykami jednocześnie. Jak dobrze pamiętasz, o powodach mówiliśmy w poprzednim rozdziale, dotyczącym mitu wielozadaniowości. Robienie jednej rzeczy naraz ma również pozytywny wpływ na walkę z kolejnym mitem na naszej liście.

W następnym rozdziale dowiesz się, dlaczego tak trudno jest zejść z tej kanapy i zacząć działać.

O KAŻDEJ PORZE DNIA I NOCY

Jak często okłamujesz sam siebie, że brakuje Ci motywacji, żeby zmienić coś w Twoim życiu? Sam sobie wmawiasz, że w pewnym momencie będziesz miał tę pewność siebie i odwagę. To totalna bzdura! Prawda jest taka, że nigdy nie będziesz gotowy, a motywacja jest do bani i nigdy jej nie ma, gdy jej potrzebujesz!

Tylko w ciągu ostatnich sześciu miesięcy rozmawiałem z prawie 10 osobami, które mają pomysł na własny biznes. Ba! Niektóre z tych osób mają gotowy biznesplan leżący w szufladzie od ponad dwóch lat. I... nic z tym nie robią! Każda z tych osób znajduje się w trochę innej sytuacji życiowej, ale pewne zachowania są identyczne. Jedno zdanie powtarzane jest nieustannie: „Brakuje mi motywacji, żeby zacząć". Ja spokojnie odpowiadam, że jeżeli poświęciłeś tyle czasu i energii na stworzenie całego biznesplanu, to już zacząłeś i musisz po prostu postawić kolejny krok. Wtedy pojawia się cała lista „ale..." i wraca problem motywacji, a raczej jej braku.

I tak tworzymy własny mit motywacji, od której uzależnione jest całe nasze życie. Musimy również czuć motywację, żeby zmienić cokolwiek w naszym życiu. Odpowiedz sam sobie, ile razy słyszałeś lub sam mówiłeś sobie takie rzeczy jak:

1. „Od jutra nie jem słodyczy!".
2. „W nowym roku idę na siłownię i będę zdrowo się odżywiał".
3. „Mam dość – w przyszłym tygodniu poszukam nowej pracy".

Brzmi znajomo? To pewnie wiesz, co dzieje się dalej…Następnego dnia nadal wcinasz ciastka lub pączka do kawy. Na siłownię, owszem, zapisałeś się, ale po tygodniu lub dwóch zakwasy były tak duże, że już tam nie wróciłeś. W sumie to ta cała siłownia jest bez sensu. W pracy minął gorszy okres i doszedłeś do wniosku, że w innej firmie pewnie miałbyś taką samą sytuację, więc po co coś zmieniać.

Im dłużej nad tym myślisz, tym więcej pojawia się „ale" i tym bardziej utwierdzasz się w przekonaniu, że jedyną rzeczą, która powstrzymuje Cię przed zrobieniem czegoś, jest brak motywacji.

Nawet nie dopuszczasz do siebie myśli, że…

MOTYWACJA JEST DO BANI!

Dobrze słyszałeś! Motywacja jest jak duch, który pojawia się i znika. Co najważniejsze, nigdy jej nie ma, gdy jest najbardziej potrzebna. Szczególnie wtedy, gdy musisz podjąć decyzję, która może pozytywnie wpłynąć na Twoje życie.

Pomyśl przez chwilę. Leżysz na kanapie i trudno Ci się ruszyć nawet do kuchni po szklankę wody. Wiesz, że czeka na Ciebie raport, który musisz za dwa dni oddać szefowi. Myślałeś też o przygotowaniu CV, ponieważ praca za bardzo Cię stresuje. Mimo to jakoś nie widzisz siebie schodzącego z tej kanapy. Dzisiajnie czujesz się na siłach, żeby cokolwiek robić.

Nagle dzwoni telefon. Twój najlepszy przyjaciel, którego nie widziałeś od dłuższego czasu, mówi, że jest w mieście i byłoby świetnie, gdybyście mogli wyskoczyć na piwo. Jesteś gotowy w 15 minut. Zdążyłeś wziąć prysznic, wyprasować koszulę, ogolić się, a zamówiona w międzyczasie taksówka już czeka pod domem. W tajemniczy sposób doznałeś nagłego objawienia motywacji.

Niejeden psycholog na pewno dołożyłby tutaj szczegółowe wytłumaczenie tego zjawiska, ale wyjaśnienie brzmi: motywacja jest z nami zawsze, gdy mamy do zrobienia proste, łatwe i przyjemne rzeczy. Gdy tylko pojawiają się trudniejsze decyzje – pufff – motywacja znika!

POZNAJ WINOWAJCĘ

Kierownik zamieszania to… Twój mózg. Jest zaprojektowany tak, żeby ochronić Cię przed wszystkim, co mogłoby Cię skrzywdzić. Za wszelką cenę stara się ustrzec Cię przed sytuacjami, któreodbierasz jako stresujące, frustrujące lub niekomfortowe. I tu dochodzimy do sedna. Wszystkie zmiany w Twoim życiu, takie jak:

- zmiana pracy,
- założenie własnej firmy,
- oszczędzanie pieniędzy,
- odchudzanie,
- emigracja,

wymagają robienia rzeczy, które są niepewne, stresujące, niekomfortowe, a nawet przerażające. To właśnie stanowi główny problem każdego z nas. Patrząc na powyższą listę, nigdy nie będziesz się czuł w 100% gotowy. W takiej sytuacji motywacja lubjej brak nie jest żadną wymówką.

WYSTARCZY CHWILA ZAWAHANIA

Pamiętasz, jak mówiłem, że na decyzję masz dużo mniej czasu niż skoczek wzwyż przygotowujący się do skoku i musisz być jak sprinter wychodzący z bloków? To działa w dwie strony. Od tej jednej chwili zależy, czy coś rzeczywiście zrobisz, czy zaczniesz szukać kolejnych wymówek, które utwierdzą Cię w przekonaniu,że nierobienie tego teraz jest o wiele lepszym wyjściem. Dokonując łatwiejszego wyboru, czujesz również krótkotrwały zastrzyk pozytywnej energii. Cieszysz się, że uniknąłeś stresu. Niestety, na dłuższą metę takie rozwiązanie działa na Twoją niekorzyść.

Wyobraź sobie sytuację w pracy. Siedzisz na zebraniu, na którym gromadzicie pomysły mające znacznie poprawić sprzedażw Twojej firmie. Słuchając tych wszystkich odpowiedzi, siedzisz z boku i doskonale wiesz, czego w tym wszystkim brakuje. Masz już świetny pomysł na końcu języka. Bierzesz głębszy oddech i... Twój moment mija. Nadal milczysz i zatrzymujesz pomysł dla siebie. Ta jedna chwila zawahania wysyła do Twojego mózgu informację, że się stresujesz. Nie musisz długo czekać na reakcję. Już masz w głowie gotowy scenariusz: „Nie wahał się rano, wkładając spodnie", „Nie miała problemu, robiąc śniadanie", „Lubi rozmawiać ze wszystkimi w firmie", „Zawahał się, gdy miał powiedzieć coś przy wszystkich...".

W tej sytuacji dowiadujesz się, że Twój mózg jest prawdziwym artystą, jeżeli chodzi o powstrzymywanie Cię przed stresującąakcją. Ma całą paletę zagrań, dzięki którym zaczniesz logicznie przekonywać się, że brak akcji stanowił najlepsze rozwiązanie. Może na przykład wyolbrzymić ryzyko związane z tą decyzją. Może też zapytać Cię, co by powiedział Twój tata, gdyby się dowiedział– a wiesz, że jest sceptycznie nastawiony do wszystkiego, co robisz.

To się dzieje w zaledwie kilka chwil. Teraz pomyśl sobie, jak wiele „ale" jesteś w stanie wymyślić, jeżeli masz dużo więcej czasu. To nie ma nic wspólnego z motywacją i musisz oswoić sięz myślą, że nigdy nie będziesz w 100% gotowy na to, żeby coś zmienić w swoim życiu.

Gdy zostaniesz zwolniony z pracy, nie masz żadnego problemu z wysyłaniem dziesiątek CV lub rozpoczynaniem własnej działalności, ponieważ wiesz, że to jest mniej stresujące niż siedzenie w domu bez pieniędzy z wypłaty. Z drugiej strony gdy zostajesz zwolniony z pracy i możesz rozpocząć rozwijanie biznesu, coś w Twojej głowie mówi również: „Wracaj na etat i spłacaj hipotekę – nie ryzykuj". Strach przed porażką podejmuje decyzję za Ciebie. Mimo że masz wiedzę, jak znaleźć pracę oraz jak rozpocząć biznes – wybierasz to mniej stresujące zajęcie.

ZBIORNIK Z DECYZJAMI

Być może nazwiesz to zbyt dużym uogólnieniem, ale Twoje życie sprowadza się do Twoich decyzji. Jeżeli zmienisz swoją decyzję – możesz zmienić Twoje życie.

Jak już się przekonałeś, motywacja nie działa na zawołanie. Podobnie jak odwaga i samo podejmowanie decyzji. Myślenie, że okażdej porze dnia i nocy jesteś w stanie zrobić wszystko,to duży błąd. Samo podejmowanie decyzji to obszar, w którym tracimy mnóstwo czasu. Być może przewijasz przez pół godziny listę filmów, poszukując czegoś ciekawego do obejrzenia, ażw końcu dochodzisz do wniosku, że nic Ci się nie podoba, i nieoglądasz nic lub wybierasz film, który widziałeś już dwadzieścia razy. Być może siedzisz w restauracji i gapisz się w menu, próbując znaleźć potrawę, która będzie najlepsza.

Tego typu analizy mogą dodać nawet 30% czasu potrzebnego do wykonania wszystkich zadań w ciągu dnia. To dotyczy także ubierania się, posiłków na cały dzień, listy zakupów czy wyjściaze znajomymi.

Nie mówiąc już o tygodniach, miesiącach czy Nawet latach spędzonych na rozmyślaniach, jaki samochód kupić czy z kim się umówić na randkę.

Im większy wybór, tym gorzej. Podkreśla to również Barry Schwarz w swojej książce *Paradoks wyboru*. Według niego gdy mamy zbyt duży wybór, nie tylko spowalniamy cały proces decyzyjny, ale możemy doprowadzić do tego, że będziemy czuli się nieszczęśliwi.

Oprócz tego musisz sobie zdawać z sprawę z istnienia fenomenu zmęczenia decyzjami. Dobrze przeczytałeś. Zdolność podejmowania decyzji możemy porównać do zbiornika. Oznacza to, że każda mała decyzja podejmowana w ciągu dnia jest jak wylewanie wody z basenu zdolności podejmowania decyzji. Młodsi czytelnicy mogą to skojarzyć ze stanem naładowania baterii w komórce, który wpływa nie tylko na długość surfowania po Internecie, ale też na poziom szczęścia, gdy bateria się rozładuje.

Zapamiętaj: Im więcej małych decyzji musisz podejmować, tym mniej efektywny będziesz podczas podejmowania tych dużych i ważnych.

Powyższa sytuacja dotyczy również sytuacji wyczerpywania się naszego ego, gdy coraz trudniej oprzeć się jakiejś pokusie. Wówczas dużo szybciej będziemy podejmowali łatwiejsze decyzje, takie jak wybranie niezdrowego jedzenia czy błędnej drogi na skróty przy ważnych zadaniach.

Skoro wiemy już, że nasze zdolności decyzyjne w ciągu dnia są ograniczone, warto przyjrzeć się, gdzie marnujemy najwięcej energii i czasu.

GDZIE JEST PRZECIEK?

Podczas treningów, w których potrzebna jest siła eksplozywna, czyli na przykład podczas skakania, rzutów lub sprintów, zawodnicy wiedzą, że potrzebują dużej dawki energii w bardzo krótkim czasie. Po oddaniu próby nasz organizm zachowuje się tak, jakbyśmy chlusnęli z wiadra energii. Po tej akcji potrzebny jest czas na regenerację, w którym uzupełnimy nasze wiadro z energią przed kolejną próbą. Jeżeli tego nie zrobimy, nasze kolejne skoki, rzuty lub sprinterskie odcinki będą coraz słabsze. W takiej sytuacji możemy również nabawić się kontuzji.

W przypadku sportu o wiele prościej nam zrozumieć, że mamy ograniczony zasób energii. Jeśli zaś chodzi o podejmowanie życiowych decyzji, niewiele osób zdaje sobie sprawę, że ten zbiornik się opróżnia w ciągu dnia. Jeszcze trudniej określić, co dokładnie wpływa na obniżanie się naszej zdolności decyzyjnej.

Oto lista kilku przecieków, którymi każdego dnia tracisz energię potrzebną do realizacji swoich planów:

1. opieranie się pokusom, czyli za każdym razem, gdy walczysz ze sobą, żeby nie zjeść tego ciastka
2. walka z rzeczami rozpraszającymi uwagę. Piszesz właśnie ważnego maila, a komunikator na Facebooku co chwilę osobie przypomina, ktoś właśnie wysłał Ci SMS-a i umierasz z ciekawości, żeby go przeczytać

3. uczenie się nowych rzeczy. O tym pisałem już wcześniej. Dopóki nie wyrobisz odpowiedniego nawyku, tracisz do 95% więcej energii na wykonanie danej czynności,

4. wykonywanie nielubianych czynności. Tu chyba nie trzeba tłumaczyć, ponieważ sam wiesz najlepiej, jak bardzo się wtedy męczysz,

5. walka ze swoim lękiem,

6. testy i sprawdziany. Ważna rozmowa kwalifikacyjna może sprawić, że po jej zakończeniu będziesz się czuł bardziej zmęczony niż po ciężkim treningu. W sporcie znasz to uczucie po ważnych imprezach,

7. opanowanie emocji. Gdy wiesz, że stawka jest wysoka, trudno się opanować. To wewnętrzne uspokajanie pochłania Twoje **zasoby energii,**

8. powstrzymywanie agresji i negatywnych emocji. Wyjechałeś właśnie z salonu nowiutkim samochodem i na pierwszym skrzyżowaniu wjechał w Ciebie rozpadający się klekot. Spróbuj to opanować!

Wiemy, że nasza siła woli się wyczerpuje, a motywacja robi nam psikusy, ale jak nad tym zapanować, żeby ruszyć do przodu i zrealizować swoje plany i marzenia?

W skrócie: robić odpowiednie rzeczy w odpowiednim czasie. Konkretnymi i praktycznymi rozwiązaniami zajmę się jednak w kolejnej sekcji tej książki. Teraz przejdźmy do następnego punktu na naszej liście zagrożeń.

BEZ PROBLEMU POŁĄCZĘ WSZYSTKO

Pamiętasz pierwszy punkt na naszej liście mitów stojących na drodze do sukcesu? Ten, w którym wszystko było równie ważne? Kolejna przeciwność bardzo mocno się z nim wiąże. Skoro wszystko jest równie ważne, to szczęście w życiu zagwarantuje nam tylko równowaga. W sporcie oznaczałoby to, że każdy zawodnik musi być równie szybki, skoczny, silny. Najlepiej, gdyby ważył i mierzył tyle samo bez względu na dyscyplinę, którą uprawia. Do tego, skoro równowaga jest wyznacznikiem szczęścia i sukcesu, wszystkiego w życiu powinniśmy robić po równo – tyle samo czasu spędzać na treningach, w firmie, z rodziną, z przyjaciółmi, mieć tyle samo czasu dla siebie oraz na odpoczynek.

Z tego wyłania się prosta recepta na sukces – wystarczy robić wszystko i mieć czas na wszystko. Po przeczytaniu poprzedniego zdania popukasz się w głowę, bo wiesz, że takie życie jest niemożliwe. Przecież dążenie do celu, realizacja marzeń i bicie rekordów wymagają od Ciebie przekraczania kolejnych granic i wychodzenia ze strefy komfortu.

Wyobraź sobie Javiera Sotomayora bijącego rekord świata w skoku wzwyż i wskakującego na pierwsze piętro (2,45 metra) bez drabiny. Albo Usaina Bolta z uśmiechem na twarzy bijącego rekord świata w biegu na 100 metrów w 9,58 sekundy. Teraz wybierz zawodnika, biznesmena, idola, którego podziwiasz od lat, i odpowiedz sobie szczerze: czy to, czego dokonał, byłoby możliwe, gdyby robił wszystko i nie musiał dokonywać wyboru?

Prawda jest inna. Cała magia dzieje się w ekstremalnych sytuacjach, a sukces to sztuka balansowania. Samo myślenie o możliwości utrzymania równowagi w życiu daje poczucie spokoju. To tak, jakbyśmy zjedli ciastko i nadal mieli ciastko.

Podobnie jak w przypadku wielozadaniowości, robienie wszystkiego naraz i traktowanie tego na równi wcale nie przybliża Cię do celu. Po prostu nie angażujesz się we wszystkie rzeczy w pełni i w rezultacie żadna z nich nie jest zrobiona jak należy. Gdy chcesz osiągnąć sukces w sporcie, więcej czasu będą zajmowały Ci treningi. Gdy chcesz zostać mistrzem sprzedaży, a Twoją areną jest świat biznesu, będziesz bardziej skupiony na rozmowach z klientami, poszerzaniu swojej wiedzy i doskonaleniu poziomu obsługi klientów.

Wszyscy wiemy, że na sukces trzeba zapracować. Nie ma innej drogi niż zakasanie rękawów i ruszenie do przodu. Największym problemem jest jednak fakt, że nie wiemy, w jaki sposóbtę gonitwę za marzeniami pogodzić z życiem i rodziną.

BALANSOWANIE POMIĘDZY PRACĄ A ŻYCIEM

Decyzja o emigracji do innego kraju jest bez wątpienia jednym z trudniejszych momentów w naszym życiu. Decydując się napracę za granicą, musimy nie tylko dokonać trudnego wyboru, ale również pozostawić za sobą wiele osób, które kochaliśmy.

Jak pokazały badania wykonane przez Work Service, większość osób planujących emigrację jako główny powód podało kwestie finansowe i związane z pracą. Po drugiej stronie, jako czynniki przemawiające przeciwko emigracji, stanęły takie rzeczy jak rodzina, znajomi, bariera językowa i kulturowa czy obawa o znalezienie zatrudnienia.

Jak sam widzisz, po jednej stronie stoją tylko i wyłącznie pieniądzei praca, a po drugiej – rzeczy, których nie można w żaden sposób wycenić. Część tych argumentów może rzeczywiście wyglądać jak prawdziwe powody odwlekania decyzji. Po latach spędzonych za granicą zauważyłem jednak inną prawidłowość.

Jeżeli osoba, która zasłania się tymi wymówkami, a nawet krytykuje w niewybredny sposób emigrantów, otrzyma konkretną ofertę pracy za granicą i gwarancję zatrudnienia, w okamgnieniu zmienia nastawienie. Najlepiej zobrazuje to historia siostry mojej żony, która, przygotowując się do wyjazdu za granicę, słuchała od znajomych, że nie jest patriotką, że ich zostawia, że jest słaba. Gdy po pół roku pracy za granicą przyjechała w odwiedziny i spłaciła od razu cały kredyt studencki, który miała rozłożony na raty na kolejne osiem lat, wszyscy „patrioci" spakowali plecaki – i teraz pracują w Szkocji, Anglii i Hiszpanii. Paraliżował ich ten sam strach, sami nakładali sobie ograniczenia. Dopiero gdy zobaczyli, że komuś się udało, mogli spokojnie podjąć decyzję.

Ten przykład dobrze pokazuje pewną zależność. Jeżeli chcesz coś zmienić w życiu – musisz wyjść ze strefy komfortu i porzucić równowagę.

CO TO ZA ŻYCIE?

Nawet jeśli wyjechałeś za granicę i masz więcej pieniędzy, nie oznacza to wcale, że żyje Ci się lepiej. Nawet nie wiesz, jak wielu emigrantów po chwilowej euforii wróciło do swojej strefy komfortu i starego modelu życia. Mimo dużo większych możliwości – nie tylko finansowych, ale i rozwojowych – nadal narzekają i nie wiedzą, w jaki sposób wskoczyć na wyższy poziom. Osiągnęli stan równowagi, z którego trudno się wydostać po ambitniejsze cele.

Historie typu „co ja mam z życia – tylko praca–dom–praca–dom" są prawdziwe bez względu na to, ile masz pieniędzy na koncie czy w jakim kraju mieszkasz. Praca ponad siły, zostawanie na nadgodzinach i traktowanie tego jako gwarancję sukcesu to zapędzanie się w kozi róg. Przecież na sukces zasługują ci, którzy pracują najciężej – prawda? Stąd już bardzo krótka droga do obwiniania pracy o zabieranie nam życia osobistego. W domu czekają na nas kolejne obowiązki, które albo nas przytłaczają, albo zostają przesuwane na później.

TERAZ PRZYCISNĘ – PÓŹNIEJ POŻYJĘ

Czas odgrywa kluczową rolę we wszystkim, co robimy. Zachowawcze działanie i zamiana jednej strefy komfortu na drugą są równie bezproduktywne jak wpadanie w takie ekstrema i stawianie wszystkiego na jedną kartę.

Owszem, możesz postanowić, że przez następne pięć lat będziesz robił nadgodziny, żeby kupić dom czy mieszkanie za gotówkę, ale jeśli robisz to kosztem rodziny, zapominasz o bardzo ważnej kwestii. Czas nie czeka i już nigdy go nie odzyskasz!

Założę się, że znasz kilka osób, które przy każdej okazji wspominają, że teraz poświęcają się pracy, a na emeryturze będą korzystać z życia i na przykład podróżować. Wtedy będą mogły w pełni cieszyć się życiem, ponieważ będą miały więcej czasu. Podobnie jest z osobami, które postanowiły otworzyć własny biznes i pochłonięte jego rozwijaniem, zaniedbują obowiązki rodzinne. Mówią: „Gdy już wszystko będzie działało jak trzeba i finanse będąna odpowiednim poziomie – wtedy im wszystko wynagrodzę".

Zastanów się, o czym będziesz myślał na emeryturze. Będziesz patrzył w przeszłość i z żalem wyliczał sobie wszystkie okazje, które przepuściłeś. Pomyśl też, w jaki sposób wynagrodzisz swojemu synowi lub córce fakt, że nigdy nie przeczytałeś im bajki na dobranoc oraz pominąłeś wszystkie szkolne przedstawienia. Myślisz, że będziesz mógł odkupić te chwile za pieniądze zarobione w Twojej firmie lub skrzętnie odkładane do emerytury? To są właśnie ekstrema, które podobnie jak życie w równowadze dają Ci złudne wrażenie, że idziesz w kierunku sukcesu. W rzeczywistości jednak zapłacisz za nie bardzo wysoką cenę.

Pewnie zapytasz: „To w końcu rezygnować z równowagi i skupiać się na ekstremach czy nie?". Ważniejszym pytaniem jest jednak, w jakich aspektach życia powinieneś rezygnować z tej równowagi oraz na jak długo.

Kwestię tego sportowego balansu rozwinę w kolejnej sekcji książki. Teraz chciałbym Ci przedstawić ostatniego i nie mniej ważnego winowajcę niskiej produktywności i odkładania realizacji życiowych planów na wieczne później.

I NIC MI W TYM NIE PRZESZKODZI

Zdanie, że doba jest za krótka, z pewnością słyszałeś nieraz. Być może, przytłoczony kolejnymi obowiązkami i samymi ważnymi sprawami, sam powtarzasz je regularnie pod nosem. Jakby tego było mało, ktoś cały czas próbuje Ci zabrać te skrawki czasu. Tych złodziei jest kilku – musisz się z nimi zmierzyć, jeżeli poważnie myślisz o realizacji planów i poprawie produktywności.

Droga do sukcesu to ścieżka usłana słowem „nie". To dotyczy zarówno odmawiania innym ludziom, którzy chcą Cię w taki czy inny sposób odciągnąć od celu, jak i sztuki odmawiania swoim pozostałym projektom. Musisz nauczyć się mówić „nie" mniejszym rzeczom, żeby osiągnąć więcej. Nieumiejętność odmawiania to pierwszy i największy złodziej, którego spotykasz na swojej drodze.

Przypomnij sobie sytuację, gdy otrzymałeś maila z zaproszeniem na spotkanie. Być może nawet ktoś zaprosił Cię w ten sposób na swój ślub. Nie miałeś czasu ani ochoty na to spotkanie lub wyprawę, a mimo to wysłałeś wiadomość, że sprawdzisz wolne terminy w kalendarzu i się odezwiesz. W ten sposób stworzyłeś otwartą pętlę, furtkę do dłuższej korespondencji, któraz Twojej strony i tak zakończyłaby się odmową. Ani się obejrzałeś, a wymiana maili stała się czasochłonna, a cała sytuacja zaczęła Cię drażnić. Tracisz nie tylko czas, ale również energię, którą zaczynasz poświęcać na tłumienie emocji, o czym pisałem w poprzednim rozdziale.

WSZYSTKO NAS ROZPRASZA

To tylko prosty przykład, jak w łatwy sposób stracić skupienie. Patrząc z perspektywy obecnych czasów, rzeczy, które mogą nas rozpraszać i którym musimy się nauczyć mówić „nie", jest mnóstwo. To dotyczy sytuacji, gdy coś lub ktoś przeszkadza Ci w rozpoczęciu realizacji planów, jak również gdy potrzebujesz spokoju i skupienia podczas ich wdrażania w życie. Z każdej strony jesteś przecież bombardowany różnymi czynnikami, które Cię rozpraszają. W biurze koledzy i koleżanki mogą co chwilę prosić Cię o pomoc. Maile i wiadomości na Facebooku co chwilę przypominają o sobie wyskakującymi okienkami.

Od tego, czy będziesz umiał powiedzieć „nie", kiedy pracujesz i jesteś skupiony na czymś ważnym, będzie zależało nie tylko tempo uporania się z obowiązkami, ale również sukces całego projektu. Od teraz za każdym razem, gdy na coś się zgodzisz powiesz „tak", zacznij myśleć, ile czasu oddajesz komuś i co automatycznie poświęcasz. Być może to jest czas spędzony z rodziną.

Zastanów się również, czy umiesz powiedzieć „tak" temu, co dla Ciebie najważniejsze.

SZLACHETNE ZDROWIE...

Kolejny czynnik, który może powstrzymać Cię od realizacji życiowych planów i marzeń, jest nie tylko złodziejem – może być również katem. „Szlachetne zdrowie, Nikt się nie dowie, Jako smakujesz, Aż się zepsujesz...", pisał w swojej fraszce Jan Kochanowski.

Podobnie jak w sporcie, osiąganie świetnych rezultatów w życiu wymaga dużych zasobów energii. Tę energię musisz umiejętnie wykorzystać na rozpoczęcie treningu, w trakcie wykonywania ćwiczeń oraz podczas sprawdzianów. Musisz jednak pamiętać, że najwięcej energii będziesz potrzebował w momencie najważniejszej próby. Mogą to być igrzyska olimpijskie, mistrzostwa świata lub ważna rozmowa o pracę czy podpisanie kontraktu z istotnym klientem. Właśnie wtedy musisz być w szczytowej formie.

Jeżeli jednak nieumiejętnie i nierozważnie zarządzałeś zasobami własnej energii, trudno będzie Ci odnieść sukces. W sporcie możesz nie mieć siły lub może Ci się przytrafić groźna kontuzja. W życiu, przytłoczony, zmęczony i sfrustrowany, możesz ryzykować własnym zdrowiem, zawałem serca lub głęboką depresją.

Zapominanie, że zdrowie jest najważniejsze, może podciąć Ci skrzydła w najmniej spodziewanym momencie – a w niektórych przypadkach nawet przekreślić szanse na realizację któregoś z Twoich marzeń.

PEWNE JAK W BANKU

Pamiętasz, jak mówiłem, że zasoby siły woli i zdolności decyzyjnych można porównać do zbiornika? Podobnie jest z naszym zdrowiem i energią.

Potraktuj siebie jako bank, w którym wpłacasz i wypłacasz środki w każdej sytuacji: gdy trenujesz, rywalizujesz, przygotowujesz się do rozmowy i walczysz o upragnioną posadę. W kolejnej sekcji pokażę Ci, jak spojrzeć z tej perspektywy na swó trening sportowy, ale również na całe życie.

Teraz najważniejszą rzeczą, którą musisz zrozumieć, jest fakt, że próbując oszukać samego siebie, nigdy nie wygrasz. Praca ponad siły, nieregularne i niezdrowe odżywianie, brak aktywności fizycznej, nadmierne obciążenie fizyczne i psychiczne organizmu mogą mieć tragiczne skutki. Zdrowia, podobnie jak czasu, nie odkupisz za żadne pieniądze świata! Nie będzie też czekało, aż łaskawie się nim zajmiesz.

BRAK WSPARCIA PRZYTŁACZA

Zdziwiłbyś się, jak bardzo opinia Twojego otoczenia wpływa na to, co robisz. Masz pomysł na biznes, ale Twoi rodzice kręcą nosem i mówią, że to bez sensu i nie dasz rady? Chciałbyś wystartować w maratonie, ale znajomi mówią, że jesteś wariatem i nigdy nie dobiegniesz? To dotyczy zarówno dorosłych, jaki dzieci łajanych przez sfrustrowanych rodziców po zawodach lub meczu, gdy nie poprawiły rekordu lub nie strzeliły gola.

„Weź to zostaw, bo się do tego nie nadajesz".

Oczywiście możesz być jednym z tych ułanów, który mówi głośno lub pod nosem: „Ja nie dam rady? To patrz, ja Ci pokażę"i jak torpeda sunie do celu. Jeżeli tak jest, napisz do mnie koniecznie– uzupełnimy tę książkę o Twoją historię i przekażemy innym Twoje rady.

Prawda jest jednak taka, że w większości przypadków, gdy brakuje Ci wsparcia w najbliższym otoczeniu, Twój zapał gaśnie. Zaczynasz spędzać czas nie na realizacji celów, ale na analizowaniu tego,co powiedzieli inni – całe swoje działanie opierasz na opinii. Do czego to prowadzi, pisałem już na początku książki. Twoje otoczenie musi wspierać Twoje cele. Szczególnie to najbliższe– osoby, z którymi spotykasz się codziennie.

SUKCES WYMAGA DOBRYCH WARUNKÓW

Jeżeli porównamy sytuację do ogrodu, Twoje ziarno – pomysł lub marzenia – musi mieć odpowiednie warunki, żeby zamienić się w roślinę i zacząć dawać owoce. Do tego potrzebuje nie tylko dobrej gleby, ale również innych czynników.

Z nastawieniem jest tak, że bardzo szybko się roznosi. Na pewno znasz taką osobę, która zawsze rozbawi towarzystwo i przy której czas płynie szybko i wszystko się udaje. Z drugiej strony zawsze trafi się ktoś, kto bez względu na sytuację będzie narzekał i dla zasady szukał dziury w całym, ciągnąc resztę w dół, obniżając morale.

Przebywanie z właściwymi ludźmi i ich wsparcie mają ogromne znacznie dla Twojej produktywności oraz skutecznej realizacji planów.

„Z kim przestajesz, taki się stajesz" jest więc bardzo trafnym spostrzeżeniem. Dlatego jeżeli chcesz osiągnąć sukces, możesz zacząć od poszukiwania osoby, której już się to udało.

CHAOS I PERFEKCJONIZM

Jak myślisz: co jest gorsze, jeżeli chodzi o przeszkody stojącemiędzy Tobą a marzeniami? Czy to piętrzące się ważne sprawy,brak organizacji i chaos, czy może skupianie się, żeby wszystkobyło perfekcyjnie przygotowane, zanim ujrzy światło dzienne?

Wbrew pozorom to właśnie perfekcjonizm i obawa przed chaosem stanowią większy problem. Pomyśl przez chwilę: czy jako sportowiec wyszedłbyś na stadion dopiero, gdy byłbyś gotowy pobić rekord świata, czy startowałbyś regularnie i śledził postępy swojego treningu?

Kreatywny chaos czy burza mózgów są częścią pracy twórczej w projektach marketingowych i nie wyobrażam sobie, że mogłoby być inaczej. Przygotowując raporty czy kompletując treści do książki, trzeba przebrnąć przez sterty materiałów i odbyć wiele rozmów, zanim dojdzie się do konkretnych wniosków. Jeśli skupisz się na najważniejszych dla siebie rzeczach, inne będą musiały poczekać i będą się piętrzyły. Te mało istotne szczegóły będą jednak korciły i krzyczały „dokończ mnie!". Jeżeli odpuścisz na chwilę i zajmiesz się jedną z tych rzeczy, za chwilę zajmiesz się kolejną i stracisz z oczu główny cel. Musisz przyzwyczaić się, że chaos będzie częścią Twojej wyprawy i realizacji planów. Nie możesz go jednak zostawić samemu sobie.

To musi być chaos kontrolowany – musisz nauczyć się sobie z nim radzić.

ANATOMIA ODWLEKANIA

Teraz, gdy już znasz główne przyczyny spadku produktywności i tracenia drogocennego czasu, pora zobaczyć, jak atakują Cię codziennie, gdy próbujesz realizować swoje plany. W kolejnym rozdziale pokażę Ci kilka sytuacji, gdy Twoje pomysły trafiają prosto do szuflady pod wpływem mieszanki wszystkich czynników, o których tu przeczytałeś.

#9

KLĄTWA NIEDOKOŃCZONYCH PROJEKTÓW

Z pomysłami nie jest tak, że od razu trafiają do szuflady. Większość z nich jest przecież świetnych. Niektóre doczekują się kompleksowych biznesplanów i badania rynku. Sprawdziłeś już nawet możliwości pozyskania dotacji na prowadzenie biznesu. Nagle przychodzi jednak moment, że pomysł już nie wydaje się taki fajny. Emocje gasną i przekonujesz sam siebie, że za jakiś czas do niego wrócisz. Niestety, nie wracasz.

Wyobraź sobie, że jest kilka sprawdzonych sposobów, aby wysłać Twoje pomysły i marzenia do szuflady. Opiszę je na przykładzie projektów biznesowych, ale myślę, że szybko wyłapiesz prawidłowości i przekonasz się, że z podobnych powodów nie poszedłeś dzisiaj do siłowni lub znowu wpadłeś na superpomysł – już dziesiąty w tym miesiącu i każdy z nich porzucony jako dokończony tylko do połowy. Każdy z nas tak ma!

O KAŻDEJ PORZE DNIA I NOCY

Przypomnij sobie teraz sytuację, gdy miałeś wielki zapał w związku z jakimś pomysłem. Od dłuższego czasu chodził Ci po głowie.

Pomyślałeś, że to jest właśnie TO. Teraz nadszedł TEN moment i zaczynasz działać. Kto wie, może nawet teraz wpadłeś na ten pomysł i po sprintersku chcesz się zabrać od razu do jego realizacji. Teraz. Zaraz. Zanim ktoś inny na to wpadnie. Wtedy przychodzi moment, który nazywam długofalową grzałką. Ten pomysł jest z Tobą wszędzie. Myślisz o nim w pracy, w samochodzie, nawet stojąc w kolejce w sklepie spożywczym. Ba! Nawet w nocy nie możesz odpuścić myślenia o tym, jaki sukces na Ciebie czeka po wdrożeniu w życie planu. Robisz notatki na każdym skrawku papieru, a w głowie masz wszystkie możliwe scenariusze. Wyobrażasz sobie nawet zadowolonych klientów, którzy skorzystali z Twojej usługi lub kupili Twój produkt i docenili efekty Twojej kreatywności i pracy.

KAPITANIE – CAŁA NAPRZÓD!

Nakręcony jak sprężyna i naładowany pozytywną energią, z impetem przystępujesz do dzieła. Dodatkowo właśnie byłeś na konferencji poświęconej motywacji. Sukces jest na wyciągnięcie ręki. Wystarczy go tylko zerwać jak jabłko z drzewa. Ciężko pracujesz, uskuteczniając kolejne punkty Twojego planu. Co najważniejsze, widzisz efekty i to nakręca Cię jeszcze bardziej. Dostrzegasz progres i to jest niesamowicie ekscytujące.

Aż tu w końcu… Cały ogień nagle gaśnie. Praca, którą wcześniej wykonywałeś z przyjemnością, teraz zaczyna Cię męczyć. „Tylko niebo mnie ogranicza!" szybko zostaje zastąpione przez „Co ja właściwie robię?". Rozpędzona maszyna zwalnia, aż całkowicie się zatrzymuje.

Wreszcie zrobiłeś być może tylko do połowy i tak już od kilku miesięcy czeka na dokończenie. Brzmi znajomo?

Jeżeli teraz z ręką na sercu powiesz, że taka sytuacja jeszcze nigdy w życiu Ci się nie przytrafiła, to jesteś jednym z bardzo nielicznych szczęściarzy. Topniejący zapał w różnych aspektach życia to bardzo częste zjawisko u wielu osób. U mnie jest podobnie. Mimo że mam na swoim koncie wiele projektów, które przeprowadziłem od początku do końca, istnieje sporo takich, które leżą gdzieś tam i czekają na swoją kolej. Tak było między innymi moją koncepcją „Emigracja dla każdego", w której postawiłem sobie za cel stworzenie poradnika dla osób planujących emigrację zarobkową.

AKCJA PO ROKU W SZUFLADZIE

Plan książki był gotowy w miarę szybko. Po latach prowadzenia gazety polonijnej spotykałem się i pomagałem rozwiązać wiele problemów, z którymi borykali się nowi emigranci. Wystarczyło zebrać wszystko i zacząć pisać.

Pierwsza wersja robocza była gotowa w dwa miesiące. Wówczas wysłałem kilka rozdziałów do moich znajomych mieszkających w innych krajach oraz do tych, którzy dopiero przygotowywali się do emigracyjnej podróży. Zależało mi, żeby poradnik był użyteczny bez względu na to, do jakiego kraju czytelnik zechce się wybrać.

Czekając na opinie, nagle zacząłem angażować się w inne rzeczy. Po prostu nie chciałem siedzieć bezczynnie. I tak, mimo że z czasem już zgromadziłem wszystkie uwagi i wskazówki, żeby dokończyć książkę, ona przez dłuższy czas leżała na dnie szuflady. Rok – tyle zajęło mi sfinalizowanie projektu. Podczas porządkowania dokumentów trafiłem na wydrukowane rozdziały i zacząłem się zastanawiać, dlaczego to jeszcze jest niedokończone.

ODKŁADANIE NA PÓŹNIEJ MOŻE BYĆ DOBRE

W przypadku kreatywnych projektów odkładanie na później ma jednak swoje dobre strony. Można świeżym okiem spojrzeć później na całość i uzupełnić tak, żeby była jeszcze atrakcyjniejsza. Oczywiście nie trzeba czekać całego roku – przeważnie wystarczy kilka dni.

Pewnie nieraz łapałeś się na tym, że najlepsze pomysły przychodziły Ci do głowy podczas biegania lub pod prysznicem. Gdy pracujesz nad czymś lub starasz się znaleźć rozwiązanie, nawet jeśli nie jesteś bezpośrednio zaangażowany w cały proces, Twój mózg, jak aplikacja odpalona w tle, wciąż analizuje sytuacjęi szuka z niej wyjścia. Po czasie nagle wszystko okazuje sięo wiele prostsze. Jednak najczęściej prawda o niedokończonych projektach jest całkiem inna.

KONIEC FRAJDY = KONIEC PROJEKTU

Samo planowanie i rozpoczynanie projektów jest bardzo ekscytujące. Niestety, im bliżej działania, tym mniejsza frajda – zaczyna się szara rzeczywistość. Czasami przełomowym momentem jest uzmysłowienie sobie, że to, co zaplanowałeś, zajmie Ci więcej czasu, niż początkowo zakładałeś. I możesz rozpocząć pierwszy etap i nigdy nie przejść do drugiego. Jestem pewien, że istnieje wiele czynników, które składają sięna fakt, że zostawiamy projekty niedokończone.

RZECZYWISTOŚĆ PRZYTŁACZA

Bycie przytłoczonym ogromem pracy, która nas czeka, zanim tak naprawdę idea zamieni się w rzeczywistość, to prawdopodobnie jedna z najpopularniejszych przyczyn porzucania projektów.

Początkowe podniecenie i ekscytacja mogą zostać przytłoczone wysiłkiem, który faktycznie trzeba włożyć. I tak pierwsza część projektu może być odbierana jako dobra zabawa i coś kreatywnego, a druga może wyglądać już jak wspinaczka wysokogórska, wymagająca ciężkiej pracy. Być może to jest Twój Mount Everest. To trudna decyzja, ponieważ wszyscy dokoła mówią „po prostuto zrób", „to świetny pomysł". I całkowicie się z tym zgadzam, ale przed podjęciem jakiejkolwiek akcji potrzebne są element skonfrontowania projektu z rzeczywistością oraz wstępne planowanie, zanim przeskoczysz do realizacji.

Najlepiej zaznajomić się z nakładem pracy, jaki może być przedTobą, żebyś wiedział, czego się spodziewać. Oczywiście, będą sięprzytrafiały niespodzianki, ale im więcej będziesz wiedział o tym, comusisz zrobić, tym większa szansa, że będziesz podążał tą ścieżką.

Jak oswoić się z nowymi rzeczami? Rozmawiaj z innymi ludźmi i czytaj o tym. Tylko tyle i aż tyle. Pamiętaj: sam fakt, że planujesz otworzyć firmę, nie czyni Cię alfą i omegą – musisz się jeszcze sporo nauczyć.

ZACZYNASZ OD WIZYTÓWEK?

W wielu przypadkach możesz złapać się na tym, że oczyma wyobraźni już widzisz siebie jako biznesmena i rozdajesz wizytówki. Kto wie, może rozpocząłeś działanie właśnie od druku wizytówek, gdy kompleksowy biznesplan jeszcze nie jest gotowy.

Bardzo często skupiamy się na samym pomyśle i budujemy wszystko wokół niego, zanim dotrzemy do sedna sprawy i dokładnie przeanalizujemy każdy szczegół. Tak było z jednym z moich znajomych, który po powrocie z Irlandii szybko znalazł niezagospodarowaną niszę. Tak mu się przynajmniej wydawało. Zrobił szybkie rozeznanie rynku i stwierdził, że w jego okolicy (w małej miejscowości pod Poznaniem) brakuje usług utylizacji odpadów budowlanych. Takich pozostałych po remoncie, gruzu, do którego pozbycia się zamawiasz skipa lub dużą materiałową torbę.

LOGO, STRONA I KONIEC PROJEKTU

Znajomy wiedział, że zajmuję się obsługą marketingową przedsiębiorstw, i chciał zamówić u mnie logo, stronę internetową i zaplanowanie strategii rozwoju dla jego nowej firmy. Wszystko na adrenalinie i z mnóstwem entuzjazmu. „To jest to" – mówił. Zaproponowałem jednak, żeby zanim zacznie wydawać pieniądze na reklamy, sprawdził dokładnie wymagania, jakie będzie musiał spełnić, otwierając tego typu działalność.

W tym samym czasie zapytałem wujka Google'a, czy w regionie rzeczywiście jest aż taka duża przestrzeń do zagospodarowania. Niestety, nie było już tak różowo. Okazało się, że podobnych firm jest już pięć i obsługują również teren, na którym mieszkał mój znajomy.

Przekazałem wszystkie zebrane informacje znajomemu. Podziękował za pomoc, ale w jego głosie słyszałem, że początkowy zapał gasł. Mimo że ma duże doświadczenie i spokojnie znalazłby swoje miejsce na rynku, gdy dowiedział się, że jest konkurencja i nie będzie jedyny w okolicy, odpuścił. Projekt nie trafił nawet na dno szuflady, tylko od razu do kosza.

DZIAŁANIE > ROZMYŚLANIE

Rozmyślanie o planach i marzeniach jest czymś niezwykle ekscytującym. W głowie możemy układać mnóstwo scenariuszy i nawet podbijać kolejne rynki. Żeby jednak plan został zrealizowany, ważniejsze jest działanie. Jeżeli jesteś w podobnej sytuacji jak mój znajomy, zrób pierwszy krok. Zacznij działać i przekonajsię, ile faktycznie energii i czasu będziesz potrzebował na osiągnięcie celu lub przejście do kolejnego etapu. Być może już wtedy okaże się, że nie wszystko jest takie kolorowe, jak się wydaje, i podejmiesz decyzję o kontynuowaniu lub kompletnym odrzuceniu projektu. Nie zmarnujesz dni, miesięcy lub nawet lat na rozmyślaniu o czymś, co i tak byś porzucił przy pierwszej okazji.

To właśnie etap działania weryfikuje cały zamysł nowego projektu lub biznesu. Podejmij się więc tego w pierwszej kolejności, a reszta sama wskoczy na swoje miejsce.

Czas na wizytówki przyjdzie, gdy będziesz na to gotowy.

Zastanów się teraz: jak wiele pomysłów, które zaczęły się od wizytówek, zostawiłeś niedokończonych?

ALE TO WSZYSTKO NARAZ?

Założenie, że musimy zrobić wszystko, zanim rozpoczniemy oficjalnie działać, również jest błędne. Prowadzenie biznesu i rozwijanie projektu to niekończąca się opowieść – nie ma daty granicznej. Zamiast rozwijać linię 200 produktów i pokazać je klientom dopiero, gdy wszystkie będą gotowe, możesz rozpocząć wcześniej i sukcesywnie dodawać nowe. Dzięki temu dużo szybciej będziesz mógł zweryfikować, czy to jest to, czego nabywcy szukają. Rozwiązując kolejne problemy, będziesz też zwiększał liczbę zadowolonych klientów, którzy polecą Twoje kolejne produkty. Czasami konsumenci sami podpowiadają, co powinno zawierać się w ulepszonym produkcie lub usłudze.

EWAKUACJA DO WYGODY

Słyszałeś zapewne o klęsce urodzaju. To także może być Twoja klątwa. Szczególnie, gdy nowe pomysły z Twojej głowy sypią się jak z rękawa. Być może masz już jeden projekt w bardzo zaawansowanym stadium i nagle pojawia się nowy ekscytujący pomysł.

Pierwszy projekt wszedł w fazę, gdy stał się bardziej wymagający i czasochłonny. Być może nawet przytłaczający. Co wtedy robisz?

Zamieniasz ten projekt na drugi, bardziej ekscytujący, który znajduje się dopiero na etapie pomysłu. Dlaczego? Bo jest fajniejszy!

SIATKA BEZPIECZEŃSTWA

W Irlandii działają programy wspierające odchudzanie, które wymagają wpłacenia dość dużej kwoty na początku procesu. Regularnie odbywają się ważenie i pomiary według wcześniej ustalonego planu i celów. Jeśli odpuścisz i się poddasz w trakcie trwania programu, tracisz te pieniądze. Dla niektórych osób to niezwykle skuteczna metoda. Wizja utraty pieniędzy działa o wiele skuteczniej niż rozmyślanie o spadającej wadze czy liczenie kalorii. Gdybyśmy mogli w każdej chwili odzyskać pieniądze, nasza przygoda z siłownią zakończyłaby się zapewne już po pierwszym kryzysie. Wiedząc, że w każdej chwili możemy się wycofać, tworzymy w głowie siatkę bezpieczeństwa.

Jak się przekonasz w dalszej części książki, to normalne zachowanie. Jeśli prowadzisz już jakiś biznes lub projekt, bardzo podobna sytuacja może Ci się przytrafić przy każdej kolejnej inicjatywie. Wiesz, że masz już coś, co działa i jest wygodne. Łatwiej Ci porzucić nowe pomysły, które wymagają wysiłku. Twój mózg zawsze będzie Cię bronił przed tym, co stresujące i co wymaga wysiłku. Między innymi dlatego tak trudno rozpocząć własną działalność gospodarczą, gdy spokojnie pracuje się na etaciew innej firmie i co miesiąc dostaje stałą i pewną wypłatę.

ODRZUĆ PROCES ZOMBIE

Jak wspomniałem wcześniej, odkładanie w czasie kreatywnych projektów może mieć pozytywny wpływ na cały proces. Zupełnie inaczej jest, gdy unikamy ważnych spraw w naszym życiu. Tym bardziej, że jesteśmy świadomi, jakie będą negatywne konsekwencje.

Rozmawiałem o tym ostatnio ze znajomym informatykiem, który porównał to do procesów zombie. To sytuacja, gdy jakiś proces został zakończony, ale jego zamknięcie nie zostało przeprowadzone i dzieje się w tle. Porównanie do zombie wynika więcz faktu, że coś umarło, a jednak żyje.

Podobnie jest z projektami, których nigdy nie zacząłeś i które zaprzątają Ci głowę od dłuższego czasu, czy planami, które zrealizowałeś tylko do połowy i nadal siedzą gdzieś z tyłu głowy, zaprzątając myśli.

Procesy zombie nie obciążają znacząco komputera, ale mogą doprowadzić do destabilizacji pracy systemu. To jest właśnie ten moment, gdy zaczynasz mówić do siebie, że masz tak wiele rzeczyna głowie, czujesz się przytłoczony, a wyników Twojej ciężkiej pracy nadal nie widać. Przeciążenie wynika też z tych projektów,które cały czas realizujesz w tle.

10 LAT „PRACY", A WYNIKÓW BRAK

Bardzo boleśnie o negatywnym wpływie takich niekończonych projektów przekonał się dyrektor jednej z firm, z którymi współpracuję. Całe przedsiębiorstwo funkcjonuje głównie dzięki jednej usłudze.

Oprócz podstawowej działalności od ponad 10 lat prowadzone są dodatkowe dywizje. Jest więc pięć dodatkowych produktów i usług, które są w fazie rozwoju. „Są" to i tak za dużo powiedziane, ponieważ przez ten cały czas nie generują żadnego wzrostu i dodatkowo zabierają mnóstwo czasu nie tylko menedżerom, ale i sprzedawcom. Czas nie jest poświęcany rozwojowi, a jedynie kolejnym zebraniom, rozmowom na temat tego, co było na zebraniach, oraz wnioskom z rozmów na temat zebrań. W ten cały proceder i kolejne spotkania uwikłanych jest od 10 do 20 osób tygodniowo. Sprzedawcy co chwilę otrzymują sprzeczne komunikaty i w efekcie nie dzieje się NIC. Akcji brak!

Gdy dyrektor zapytał mnie podczas jednej z konsultacji, jak można zmienić tę sytuację i zobaczyć postępy w pozostałych dywizjach, odpowiedziałem, że to nic trudnego. Wystarczy tylko zacząć działać i małym krokami realizować to, co już tak dokładnie zostało przedyskutowane przez ostatnie 10 lat.

Sytuacja w tej firmie to doskonały przykład siatki bezpieczeństwa, gdy podstawowa działalność (praca na etacie, życiowa rutyna) zaspokaja podstawowe potrzeby i gwarantuje bezstresowe wypełnianie obowiązków. Ta sytuacja pokazuje również, że nigdy nie będziesz gotowy, żeby zacząć realizować swoje projekty. Teoretycznie, gdy znajdujesz się w bezpiecznym położeniu, powinno być Ci łatwiej realizować kolejne cele. Niestety, jest wręcz przeciwnie. W jednym z kolejnych rozdziałów dowiesz się dlaczego.

ŻYCIE DO POŁOWY A BIZNES DO POŁOWY

W życiu często jest tak, że pomysł lub cel wykonane do połowy dają nam częściowe korzyści. Jeżeli chciałeś schudnąć 20 kilogramów, zacząłeś ćwiczenia na siłowni i z czasem porzuciłeś tę aktywność, nadal mogłeś schudnąć 10 kilogramów. Nawet gdy w zawodach do przebiegnięcia masz 10 kilometrów i udało Ci się przebiec tylko 5 kilometrów, to i tak przebiegłeś połowę. To o wiele lepsze niż niewystartowanie w ogóle. Podobnie jestz posiłkiem, który również możesz zjeść do połowy – wtedy Twój żołądek jest do połowy pełen.

W przypadku sytuacji, które mają największy wpływ na nasze życie, lub w przypadku planów biznesowych nie ma połowicznych sukcesów. Jeżeli nie dokończysz projektu – nie zarobisz nic.

PAMIĘTAJ! W biznesie nie możesz zarobić 50% pieniędzy z projektu, który jest dokończony tylko w 50%.

Nie zarobisz nic, dopóki projekt nie jest dostępny dla użytkowników. Pod tym względem niedokończone rzeczy nie są więc lepszeod tych, których wcale nie rozpocząłeś.

Realizacja projektów zaczyna się od szybkiej, sprinterskiej akcji i odhaczenia pierwszego punktu planu. Sukces zależy jednak również od kilku innych czynników. Musisz być pewien, że idziesz we właściwym kierunku i cała Twoja energia przybliża Ciędo celu. Nie wystarczy przecież pracować jak mrówka, żeby osiągnąć sukces. Na drodze staje nam wiele przeszkód, które negatywnie wpływają na naszą produktywność i efektywność. Nie ma chyba nic gorszego podczas realizacji pierwszego biznesu jak poświęcanie kilkunastu godzin dziennie na ciężką harówkę, gdy upragnione wyniki nie przychodzą wcale.

Miałeś kiedyś tak, że zgodnie z listą Twoich rzeczy do zrobienia odhaczałeś kolejne punkty, licząc na ruszenie do przodu? Miałeś to dziwne uczucie na końcu, że mimo wykonania wszystkich zadań nie ruszyłeś się nawet o kilka kroków? Nie jesteś sam. Właśnie z myślą o Tobie powstała ta książka. Prosty i skuteczny system, który za chwilę poznasz, pozwoli Ci spojrzeć zupełnie inaczej na realizację planów.

Gotowy? W takim razie weź rozbieg i #PrzeskoczTo!

2

SEKCJA

Nie obawiam się kogoś, kto trenuje 10 000 kopnięć, ale tego, który 10 000 razy trenował JEDNO kopnięcie.

Bruce Lee

#10

CZTERY FAZY KOMPETENCJI

W życiu każdego sportowca, szczególnie na początku kariery, pojawia się pytanie zadawane przez rówieśników lub osoby, które ze sportem nie mają nic wspólnego: „Ile skaczesz?","Ile rzucasz?" czy „Jaki masz czas na 100 metrów?". Gdy pada konkretna odpowiedź, czasami kolejnym pytaniem jest „A jaki jestrekord świata?... Eee, to jeszcze Ci daleko!". Często padają również słowa: „Gdybym ja trenował, to na pewno byłbym lepszy!".

Podczas bezpośredniej rywalizacji jednak – jeśli do niej dojdzie- okazuje się, że rzeczywistość bardzo odbiega od naszych wyobrażeń. W sporcie to bardzo rzadka sytuacja, gdy osoba, która nigdy nie ćwiczyła, pokonuje osobę trenującą od lat, będącą na wysokim poziomie. Jeśli nie wychodzimy poza sferę marzeń i pomysłów kłębiących się w głowie, nawet nie zdajemy sobie sprawy z naszej niekompetencji w danej dziedzinie. Doskonale obrazuje to model Noela Burcha z 1970 roku. Burch poznawanie nowych umiejętności podzielił na cztery grupy.

1. Nieświadoma niekompetencja.

W tej fazie nie rozumiemy lub nie wiemy, jak coś zrobić. Nie potrafimy również określić, czego nam brakuje i dlaczego coś nam się nie udaje. Niektórzy mogą wtedy uznać, że dana umiejętność lub rzecz wcale nie jest im potrzebna. W końcu po co mi lepsza praca lub własny biznes, skoro mam pewną posadę w firmie? Nie muszę uprawiać sportu, w końcu do sklepu mogę pojechać samochodem.

Jeżeli znajdujesz się w tej fazie, sam musisz dojść do wniosku, że nie masz kompetencji w jakiejś dziedzinie i chcesz to zmienić. Musisz znaleźć własne argumenty i chęć do zmiany tej sytuacji. Być może w wieku 40 lat, oglądając reportaż w telewizji, w którym bohaterski przechodzień wskoczył do wody, żeby uratować topiące się dzieci, nagle uzmysłowisz sobie, że nie umiesz pływać i gdyby to Twoje dzieci wpadły do wody, nie mógłbyśim pomóc. Wówczas przechodzisz do kolejnego poziomu.

2. Świadoma niekompetencja.

Świadomość, że nie umiesz czegoś zrobić, coraz bardziej daje o sobie znać. Oglądając zawody, w których starują pływacy, nie mówisz już, że chyba Ty byś popłynął szybciej, ponieważ… nie umiesz pływać wcale. W głowie masz również obraz topiących się dzieci, który staje się Twoim motorem napędowym.

Dzięki tym argumentom i coraz większemu pragnieniu zmiany tego stanu zaczynasz dostrzegać coraz większą wartość nauki pływania lub przyswojenia innej wiedzy i umiejętności. To etap, w którym zaczynasz pracować nad wyrobieniem nowego nawyku. Będziesz popełniał wiele błędów, ponieważ zabierasz się do czegoś, czego nigdy nie robiłeś. Zapisujesz się na naukę pływania i przeskakujesz poziom wyżej.

3. Świadoma kompetencja.

W tej fazie pracujesz już nad nową umiejętnością i wychodzi Ci to coraz lepiej.

Pamiętasz, ile czasu średnio zajmuje wyrobienienowego nawyku? To jest Twoich 66 dni wytężonej pracy i koncentracji.

Początkowo utrzymanie na wodzie jest dla Ciebie prawdziwą bitwą, ale z czasem staje się coraz łatwiejsze. Pod okiem trenera rozłożyłeś cały proces na kilka etapów i krok po kroku brniesz do celu. Coraz mocniej skupiasz się na drobnych elementach technicznych pływania. Z dumą jednak potrafisz przepłynąć kilka długości basenu. Stąd już tylko jeden krok do kolejnej fazy.

4. Nieświadoma kompetencja.

To sytuacja, gdy nowa czynność została już dobrze opanowana. Jak każdy inny nawyk, nowa umiejętność weszła Ci w krew, stała się odruchem i możesz w każdej chwili z niej skorzystać. Gdy widzisz topiące się dzieci, nie zastanawiasz się, czy umiesz pływać – po prostu wskakujesz do wody. W przypadku jazdy samochodem – po prostu wsiadasz i jedziesz. I dobrze wiesz, której strony jezdni musisz się trzymać, jak ustawić lusterka, kto ma pierwszeństwo na skrzyżowaniu oraz jak zmieniać biegi.

PRZED NAMI DWA KROKI

Jeżeli czytałeś poprzednie rozdziały uważnie i znalazłeś sytuacje, w których tracisz najwięcej czasu, to dwie pierwsze fazy są już za Tobą. Być może zrozumiałeś, że robienie wielu rzeczy naraz wcale nie przybliża Cię do celu. Przez podtrzymywanie mitu wielozadaniowości rozpocząłeś wiele projektów, ale tak naprawdę żaden z nich nie został ukończony od 10 lat. Z drugiej strony rozumiesz, że czas przecieka Ci przez palce, i wiesz, że mógłbyś zrobić w życiu znacznie więcej. Świadomie sięgnąłeś po książkę, która może Ci pomóc w zdobyciu tej umiejętności.

Przed Tobą dwa kroki, które są najważniejsze. Wiedzieć, co trzeba zrobić, to jedno. Zrobić to – to zupełnie inna historia.

W niektórych sytuacjach decyzja może być prosta – jakz nauką jazdy na rowerze. W innych sytuacjach, jak rozpoczęcie własnego biznesu, zmiana nastawienia do życia czy postawienie sobie ambitnych celów sportowych, nie jest już tak łatwo. Musisz przecież wiedzieć, że decyzja, którą podejmujesz, jest dobra i doprowadzi Cię do sukcesu. Tu z pomocą przychodzi system #PrzeskoczTo, który pomoże Ci nie tylko ustalić priorytety, ale również rozpocząć i doprowadzić Twój projekt do końca. Dzięki wyrobieniu odpowiednich nawyków będziesz mógł ponadto realizować Twoje plany o wiele szybciej.

JEDNA OSOBA

Nikt nie osiąga sukcesu w pojedynkę! Zawsze jest ta jedna osoba, która wyciągnęła rękę, pokazała drogę, stała się bohaterem i wzorcem do naśladowania.

Postaw się na chwilę na miejscu dziecka, które spotkało właśnie swojego sportowego idola. Dla wielu osób, niezależnie odwieku, to wielkie przeżycie. Jeżeli już jesteś sportowcem, przypomnij sobie osobę lub sytuację, która wpłynęła na to, że teraz Twoje życie jest związane ze sportem. Prawda jest taka, żew pewnym momencie w Twojej głowie pojawia się myśl: „Chcębyć taki jak on/ona!".

Przy okazji mistrzostw świata w piłce nożnej co najmniej kilka razy pokazywano sentymentalne zdjęcia gwiazd mundialu wraz z ich bohaterami. Po fantastycznym boju i niesamowitych obronach w wykonaniu duńskiego bramkarza, Kaspera Schmeichela, w meczu z Chorwacją pojawiło się zdjęcie, na którym jego ojciec, Peter, prowadzi swojego małego synka w stroju bramkarza. Fanom piłki nożnej nie trzeba przypominać, jakiej klasy bramkarzem był Peter Schmeichel. Jeżeli nie jesteś fanem piłki, możesz znaleźć na YouTubie filmiki z jego występów. Mały Kasper postawił sobie jeden cel – chcę być taki jak tata – i do niego dążył.

Podobną sytuację mieliśmy w meczu między Francją a Argentyną, gdy na boisku w iście sprinterskim stylu szalał Kylian Mbappé. Został nawet okrzyknięty najszybszym piłkarzem świata. Media w ekspresowym tempie wypełniły się zdjęciem gwiazdora francuskiej reprezentacji – Thierry'ego Henry'ego – który zrobił sobie fotkę z kilkuletnim Kylianem, chcącym zostać jak on profesjonalnym piłkarzem.

Podobne historie, w których jedna osoba znacząco wpłynęła na sukces kogoś innego, można mnożyć. Kto jest taką Twoją jedną osobą?

PROSTO DO CELU

Być jak swój idol. Biegać najszybciej, rzucać najdalej, skakać najwyżej, mieć dużo pieniędzy, prowadzić własny biznes, mieć czas dla rodziny, być szczęśliwym... Ta lista może być tak długa jak lista naszych marzeń. Wszystkie z powyższych, poszerzone o Twoje pomysły, które wpisałeś na początku tej książki, gdy pytałem Cię, co chcesz osiągnąć, dają podstawę sukcesu w każdej dziedzinie.

To CEL jest motorem napędowym do wszystkiego, co chcesz osiągnąć. W sporcie nieodparta chęć dogonienia idola często stanowi powód, dla którego wielu młodych ludzi staje się sportowcami. Bycie najszybszym sprinterem lub najlepszym zawodnikiemna boisku naturalnie ogranicza wybór, którego trzeba dokonać, żeby zrealizować swój cel.

Tu pojawia się kolejna prawidłowość – najlepsi na świecie poświęcili uwagę i koncentrację tylko na jedną rzecz, w której są mistrzami. Anita Włodarczyk jest więc rekordzistką świata w rzucie młotem, ale nie stara się być jednocześnie najlepszą skoczki nią wzwyż. Usain Bolt jest najszybszym człowiekiem na świecie, ale równocześnie nie starał się być najlepszy w szachach.

Jeżeli wejdziesz do świata biznesu, zobaczysz, że lwia część największych firm skupia się właśnie na JEDNEJ usłudze lub JEDNYM produkcie, który przynosi im ponad 90% zysków. Apple ma jeden telefon komórkowy. Dla Google'a jednym najważniejszym produktem jest przeglądarka. Dobrym przykładem są również *Gwiezdne wojny*, które podziwiam zawodowo jako marketingowiec. Tutaj jeden produkt stanowią film i historia, które od lat napędzają całą sieć powiązanych ze sobą biznesów.

ŚCISKAMY PARETA

Ale jak to? Tylko jeden cel? Przecież wcześniej pisałeś, żeby skupić się na 20% najważniejszych rzeczy z listy. Tak wynikało przecież z zasady Pareta.

W przypadku tej zasady, owszem, pokazałem Ci prawidłowość, według której 20% Twoich wysiłków przynosi Ci aż 80% efektów. Powiedziałem również, żebyś nie przywiązywał się zbyt mocno do tych proporcji, z jednego podstawowego powodu: masz tylko JEDNO życie!

Żyjemy w czasach, gdy technologia i dostęp do informacji i różnych rozwiązań dają nam praktycznie nieograniczone możliwości. Chcesz zostać księgowym – proszę bardzo. Chcesz nauczyć się sam robić strony internetowe – w Internecie jest mnóstwo poradników, dzięki którym spokojnie się tego nauczysz. W całym tym natłoku możliwości i okazji musisz jednak pamiętać o bardzo ważnej rzeczy: Twój czas jest ograniczony! Koncentrując się nawet na 20% czynności, nadal musisz dzielić tenczas na rzeczy, które powinieneś zrobić, żeby osiągnąć sukces. Skupiając się na czymś, musisz poświęcić coś innego. Jeśli spróbujesz robić wszystko po trochu, tak jak opisałem w rozdziale o micie wielozadaniowości, będziesz czuł narastającą frustrację. Niedokończone sprawy będą się piętrzyły, a sukces – oddalał, zamiast przybliżać.

Właśnie dlatego powinieneś spojrzeć na swoją listę rzeczy do zrobienia i nie tylko wybrać to, co powinieneś wykonać, ale jeszcze bardziej zawęzić listę i skupić się TYLKO na jednej rzeczy, która poprowadzi Cię do sukcesu. W końcu pośród wszystkich istotnych spraw zawsze znajdzie się ta JEDNA najważniejsza.

Wypisując rzeczy do zrobienia, ściskaj więc swoją listę w myśl zasady Pareta i wybieraj najważniejsze 20% aż do momentu, gdy dojedziesz do tego najważniejszego punktu. W przypadku nauki pływania, o której wspominałem wcześniej, najistotniejszą rzeczą wbrew pozorom nie będzie zapisanie się na naukę pływania.

Tym, co Cię napędza, będzie chęć pomocy własnym dzieciom, gdy te znajdą się w niebezpieczeństwie. Gdy przez chwilę się nad tym zastanowisz, stwierdzisz, że ten cel jest wyjątkowy. Ten jeden cel sprawi, że zapisanie się na naukę pływania, kupno kąpielówek czy okularów pływackich potraktujesz jako mało istotne i wykonasz je mechanicznie po drodze do celu. Mniej ważne rzeczystaną się dużo łatwiejsze do zrobienia.

Wybranie tej jednej najważniejszej rzeczy nie zawsze jest jednak oczywiste. Szczególnie kiedy planujesz otworzenie własnej działalności gospodarczej lub prowadzisz już swój biznes. W tym przypadku najważniejszy element będzie zmienny, więc będziesz musiał regularnie uaktualniać swoją listę, na przykład w zależności od sytuacji rynkowej.

Podobnie jak w przypadku pływania, musisz sięgnąć dużo głębiej w poszukiwaniach najważniejszej rzeczy. „Chcę mieć więcej pieniędzy" to zbyt ogólnikowe podejście i na dłuższą metę prowadzące donikąd.

OSTRZENIE SIEKIERY

Ze wszystkiego, co do tej pory przeczytałeś, przebija się również kolejna kwestia, która w świecie sportu jest oczywistością, ale w innych aspektach życia często bywa pomijana. To PRZYGOTOWANIE. Gdy spojrzymy na sportowców i wsłuchamy się w słowa Abrahama Lincolna, który powiedział: „Daj mi sześć godzin naścięcie drzewa, a spędzę pierwsze cztery na ostrzeniu siekiery", wszystko ułoży się nam w całość.

W mojej karierze specjalisty do spraw marketingu wielokrotnie spotkałem się z pytaniem szefostwa: „Jak ty to zrobiłeś?", gdy po pewnym czasie zainteresowanie produktami i sama sprzedaż w danym segmencie wzrosły o ponad 100%. Chociaż kusi mnie, żeby odpowiedzieć, że jestem czarodziejem, w takiej sytuacji zawsze przypominam zwierzchnikom naszą pierwszą rozmowę kwalifikacyjną, podczas której pytali o moją słabość. Moja odpowiedź w tym zakresie jest niezmienna od lat: „Spędzam dużo czasu na analizowaniu sytuacji oraz możliwości rynkowych. Być może dużo więcej niż większość innych kandydatów. Jednak, gdy zaczną się pojawiać rezultaty, możesz być pewien, że fundamenty są solidne i można na tym budować dalszy rozwój". Dobra krawcowa mogłaby powiedzieć: „Mierzę dwa razy – tnę tylko raz".

W sporcie podobne podejście do treningów stosuje choćby brytyjski trener skoku wzwyż, Alex „Fuzz" Caan (Fayyad Ahmed), którego podopiecznym jest między innymi Robbie Grabarz. Jego filozofia jest prosta: „Nie przechodź do B, jeżeli nie opanowałeś dobrze A".

O wadze przygotowań można by mówić godzinami, ale prawda jest prosta: jedna minuta przygotowań może oszczędzić godziny przy realizacji! To przygotowanie jest istotne niemal w każdym aspekcie Twojego życia. Dzięki niemu możesz oszczędzić dużo czasu, a przecież na tym Ci zależy, prawda? Gdy masz wszystkie rzeczy pod ręką, nie musisz marnować czasu na ich szukanie. Jeżeli zabierasz się do gotowania, połóż wszystkie składniki na wyciągnięcie ręki, wyjmij je z opakowań i ułóż w miejscu przygotowania posiłku. Jeżeli sam naprawiasz samochód, sprawdź wcześniej, jakich części i narzędzi będziesz potrzebował. Jeżeli idziesz na spotkanie, zapoznaj się z podstawowymi informacjami na temat firmy lub osoby, żebyś nie musiał zadawać niepotrzebnych pytań. Już teraz widzisz, że możesz oszczędzić dużo czasu, a nawet nie przeszliśmy jeszcze do strategii optymalizacji produktywności.

Wiem, wiem… Być może teraz to nie wygląda dla Ciebie jak sposób na poprawę efektywności, ale tak jest. Ustalenie priorytetów pozwala nam znacznie usprawnić pracę i poprawić szybkość jej wykonania.

Zdarzyło Ci się kiedyś, że odpowiadałeś na kilka ważnych maili i na monitorze wyskoczyło okienko o aktualizacji oprogramowania? Oczywiście w tym momencie za nic nie chciałeś zapomnieć o tej niezwykle ważnej aktualizacji i kliknąłeś przycisk. Wtedy nagle okazało się, że musisz pozamykać wszystkie okienka i pozapisywać otwarte pliki. Zanim się obejrzałeś, minęło ponad pół godziny cennego czasu, który powinien być poświęcony na odpisywanie na ważne maile.

Tak jak cel stanowi podstawę naszego działania w drodze do sukcesu, tak kolejnym ważnym elementem jest ustalanie priorytetów. Decydowanie, co jest najważniejsze na drodze do celu, pozwala nam być nie tylko odpowiedzialnym, ale również wiarygodnym dla nas samych.

Wróć teraz na początek książki, tam gdzie wypisałeś rzeczy, które chcesz osiągnąć dzięki tej książce. Zastanów się, czym się kierowałeś, wybierając właśnie te rzeczy, a nie inne.

SZUKANIE TEJ JEDYNEJ

Znalezienie tylko jednej najważniejszej rzeczy nie jest takie proste. Musisz jednak od czegoś zacząć.

Cytując Laskę z filmu *Chłopaki nie płaczą*: „W ogóle, bracie, jeżeli nie masz na utrzymaniu rodziny, nie grozi ci głód, nie jesteś Tutsi ani Hutu i te sprawy, to wystarczy, że odpowiesz sobie najedno zaje...cie, ale to zaje...cie ważne pytanie: Co lubię w życiurobić? A potem zacznij to robić". Oczywiście możesz lubić wiele rzeczy, ale nie wszystkie doprowadzą Cię do sukcesu. Ważniejsze w tym wszystkim jest... pytanie. Poszukiwania jednej najważniejszej rzeczy trzeba zacząć od zadania odpowiedniego pytania.

Według niektórych biznesowych teorii powinieneś zaczynać od „dlaczego". Ten model promuje na przykład Simon Sinek, brytyjsko-amerykański autor bestsellerów poświęconych inspiracji.

Nasze pytanie dotyczące nauki pływania – „dlaczego chcę nauczyć się pływać?" – pozwala Ci znaleźć dla samego siebie argumenty, które nakłonią Cię do działania. Odpowiedzi na to pytanie może być oczywiście wiele, ale pośród nich będzie JEDNA, która sprawi, że reszta wyda się błahostką. W tym przypadku może to być: „Chcę być w stanie uratować moje dzieci, gdy znajdą się w niebezpieczeństwie".

W przypadku planów życiowych czy marzeń musisz więc znaleźć swoje „dlaczego", ale zarówno pytanie, jak i sama odpowiedź muszą być dużo bardziej złożone. Dlaczego? Ponieważ, tak jak wspominałem na początku tej książki, to jeden z wymogów efektywnego uczenia się dorosłych. Musisz zrozumieć, jak w praktyce będziesz mógł wykorzystać zdobytą wiedzę lub umiejętność. Tylko wówczas, gdy „dlaczego" będzie wystarczająco ambitne i silne oraz osadzone w czasie, będziesz miał wolę, żeby je zrealizować.

Znalezienie odpowiedzi, przy której inne będą mało ważne, również jest kluczowe. Odpowiedź wcale nie musi być skomplikowana. Musi jednak pełnić funkcję pierwszej kostki domina, która wprawi całą maszynę w ruch. Pisałem o tym wcześniej, opisujące vent „Skaczemy dla Natalki". Skupienie się na jednym celu, któremu nadasz priorytet, to klucz do sukcesu w każdej dziedzinie.

Gdy spojrzysz na swoje życie właśnie z takiej perspektywy i przy każdym projekcie czy celu zaczniesz patrzeć na to właśnie w ten sposób, szybko wejdzie Ci to w nawyk. Mając odpowiednio mocną odpowiedź dla Twojego „dlaczego", szybko się przekonasz, że działania są realizowane dużo szybciej, a wszystkie „ale" i opinie innych nagle zapadną się pod ziemię. Dzięki temu gdy zaczniesz odpływać i zajmować się mało ważnymi rzeczami, odpowiedź przywróci Cię na właściwe tory. Nie ma przecież niczego ważniejszego niż możliwość uratowania własnych dzieci, prawda?

MUSISZ BYĆ S.M.A.R.T.

Przygotowując tę książkę, postawiłem sobie za cel połączenie moich życiowych, sportowych i biznesowych doświadczeń w jeden system, który pomoże innym skutecznie realizować ich projekty.

Doszliśmy do części biznesowej, która pomoże Ci w przygotowaniu i zarządzaniu Twoimi planami i projektami.

Koncepcja, którą chcę Ci przybliżyć, nazywa się S.M.A.R.T. Po angielsku słowo *smart* znaczy mądry, sprytny lub błyskotliwy – i taki ma być Twój plan. S.M.A.R.T. to ideologia formułowania celów będąca zbiorem pięciu cech, którymi powinien się charakteryzować poprawnie sformułowany cel. Przyjrzyjmy się jej bliżej.

SPECIFIC – KONKRETNY

Cel powinien być jasny i jednoznaczny. Jego zrozumienie niepowinno stanowić problemu. Nie powinno być również miejsca na luźną interpretację. Mówiąc o nauce pływania, nie myślałeś przecież o pływaniu na pontonie czy statku towarowym, prawda? Im więcej szczegółów podasz w tym punkcie, tym lepiej.

MEASURABLE – MIERZALNY

Twój cel musi być przedstawiony w taki sposób, żeby można było liczbowo zmierzyć stopień jego realizacji. To pozwoli Ci monitorować progres w zmierzaniu do celu. Jeżeli więc jako cel postawiłeś sobie przepłynięcie 10 długości basenu, a teraz masz siły jedynie na przepłynięcie 5, to znaczy, że jesteś w połowie drogi.

ACHIEVABLE – OSIĄGALNY

To nic złego mieć wysokie ambicje i podnosić poprzeczkę coraz wyżej. Pracując nad swoimi celami, musisz jednak mieć pewność, że są one osiągalne. Jeżeli będziesz chciał pokonać na basenie Michaela Phelpsa, szybko stracisz motywację i wiarę w osiągnięcie celu.

RELEVANT – ISTOTNY

Twój cel musi być dla Ciebie ważnym krokiem naprzód. To nie może być sztuka dla sztuki. Wyznaczając swój najważniejszy cel i szukając najważniejszego „dlaczego", musisz znaleźć wartość, którą uzyskasz, gdy go zrealizujesz. W końcu jedziesz na wymarzoną wycieczkę z rodziną i będziecie mieli okazję kąpać się w oceanie. Chcesz mieć pewność, że Twoje dzieci są bezpieczne.

TIME-BOUND – OKREŚLONY W CZASIE

To w sporcie ma ogromne znaczenie. Każdy sportowiec chciałby przecież, żeby najlepsze rezultaty przychodziły wtedy, gdy ich potrzebuje. Dokładnie określony horyzont czasowy pozwoli Ci zaplanować realizację. Musisz więc oszacować, w jakim czasie chcesz przepłynąć te 10 długości basenu. Nie będziesz przecież na to czekał kolejnych pięciu lat?

Nauka pływania to tylko jeden z przykładów. Dla porównania pokażę Ci kolejny przykład słabego i błyskotliwego celu.

Słaby cel: chcę poprawić znajomość języka angielskiego.

Ten cel jest mało konkretny. Pomyśl: jak w przypadku takiego celu zmierzysz swój progres i jak ocenisz poprawę? Jaki będzie wystarczający poziom? Kiedy? I co dla Ciebie właściwie znaczy „poprawa"? Czy to powtarzanie tych samych zdań z lepszą wymową poszczególnych słów, czy może recytowanie zagranicznej poezji w oryginale?

Zamiast tego postaw sobie cel, który jest S.M.A.R.T.

Do 31 grudnia będę w stanie utrzymać rozmowę na podstawowy temat, jak przedstawienie się, pogoda czy moje zainteresowania, z osobą, która posługuje się tylko językiem angielskim (native speakerem). Podczas tej rozmowy nie będę używał języka polskiego.(Jeśli znasz angielski i uczysz się innego języka, na przykład hiszpańskiego, podczas rozmowy nie będziesz używał angielskiego).

Ten cel jest konkretny – wiesz dokładnie, czego musisz się nauczyć i ile czasu potrzebujesz na ocenę swojego sukcesu. Plan jest ambitny, ponieważ wiesz, że w tej chwili nie znasz tylu słów, żeby swobodnie rozmawiać przez pięć minut. Teraz jesteś w stanie prowadzić taką rozmowę tylko przez minutę, nie próbując wrócić do angielskiego lub wytłumaczyć po polsku, co chcesz powiedzieć. Wybrałeś też konkretną datę, więc cel jest osadzony w czasie. Być może tym deadline'em jest zaplanowany wyjazd do pracy za granicą i będziesz potrzebował tej umiejętności, żeby znaleźć pracę.

Co jednak zrobić z zadaniami, które zajmują kilka godzin, a nie kilka miesięcy? Do tego wrócimy w kolejnej sekcji książki.

ZADAJ MĄDRE PYTANIE

Stosując koncepcję S.M.A.R.T., powinieneś nie tylko skupiać się na celach, które chcesz osiągnąć, ale również na pytaniach, które musisz sobie zadać. W końcu to od dobrego pytania zależy dobra odpowiedź. Jeżeli masz osiągnąć sukces, odpowiedź powinnabyć nie tylko dobra, ale i wyjątkowa.

Jak więc zadać sobie pytanie, stosując S.M.A.R.T.? Pytanie w myśl tej zasady nie powinno być ogólne – powinno być konkretne. Im bardziej szczegółowe, tym lepiej. Zanim zaczniesz działać, musisz wiedzieć dokładnie, czego chcesz. Konkretne pytanie pozwoli Ci również zmierzyć poziom wykonania zadania.

Nie powinno też być proste – powinno być ambitne. Wprzeciwnym razie nie będziesz musiał zmieniać nastawienia i zdobywać nowej wiedzy, żeby zrealizować swój cel.

Przyjrzyjmy się, jak ma wyglądać pytanie, które powinien zadać sobie 14-letni skoczek dopiero rozpoczynający przygodę ze sportem. Podczas pierwszych zawodów udało mu się pokonać poprzeczkę zawieszoną na wysokości 130 centymetrów. Po zawodach może sobie postawić pytanie:

Co mogę zrobić, żeby wyżej skakać? To doskonały przykład pytania ogólnego i prostego. Trudno znaleźć tu większe zobowiązanie. Czy już jeden centymetr wyżej będzie oznaczał sukces? Nie ma też dokładnego celu, jak choćby wygranie kolejnych zawodów czy znalezienie się na podium. Brakuje również ramy czasowej. Ile czasu zawodnik daje sobie na poprawienie wyniku i skoczności?

Co mogę zrobić, żeby skoczyć dwa razy wyżej? To niewątpliwie ambitne pytanie. Podwojenie wyniku w biznesie oczywiście jest możliwe – można przecież podwoić sprzedaż. W przypadku sportu podwojenie wyniku, który uzyskał zawodnik, oznaczałoby przeskoczenie poprzeczki zawieszonej na wysokości 2,6 metra, podczas gdy rekord świata, ustanowiony przez Javiera Sotomayora, wynosi 2,45 metra. W tym przypadku ambitny cel jest nierealny– rzeczywistość szybko zweryfikuje zapędy zawodnika. Zwróć uwagę, że pytanie jest nadal ogólne i nie zawiera konkretów. Nawet nie wiadomo, od czego zacząć.

Co mogę zrobić w ciągu roku, żeby poprawić swój wyniko 5 centymetrów? Tutaj jest już dużo lepiej. Mamy konkretny zakres czasu, w którym młody zawodnik chce osiągnąć swój cel. Jest również konkretny cel – chce się poprawić o 5 centymetrów. To pytanie nie zawiera w sobie jednak większego wyzwania. Poprawienie wyniku o 5 centymetrów, gdy dopiero rozpoczyna się zabawę ze sportem, nie stanowi poważnego problemu. Sportowiec może urosnąć i robić dokładnie to, co do tej pory, żeby za rok naturalnie uzyskać lepszy wynik. Mało ambitne cele nie wymagają dodatkowego poświęcenia lub pracy i nie prowadzą do wyjątkowych rezultatów. Rok to również bardzo długi okres jak na tak mało ambitne postanowienie.

Co mogę zrobić, żeby poprawić swój wynik o 20 centymetrów w ciągu 6 miesięcy? To dobry przykład pytania, które jest i konkretne, i ambitne. Mamy ramę czasową – 6 miesięcy.

Poprawienie się o 20 centymetrów w stosunku do wyniku z pierwszych zawodów i wieku zawodnika jest ambitne, ale jak najbardziej realne. Pytanie jest również konkretne, ponieważ na treningach lub kolejnych zawodach łatwo będzie określić, czy zawodnik jest na dobrej drodze do poprawienia rezultatu. Realizacja celu będzie również wymagała od sportowca dodatkowego wysiłku – zapisania się do klubu, ćwiczenia pod okiem trenera, nauki poprawnej techniki skoku.

Teraz chyba rozumiesz, co mam na myśli, i widzisz różnicę pomiędzy pytaniami? Musi być ambitnie i konkretnie. Tę samą zasadę możesz zastosować, gdy jesteś sprzedawcą lub właścicielem firmy i chcesz zwiększyć sprzedaż. Być może wracasz do formy po ciąży i chcesz rozpocząć ćwiczenia i dietę. Bez względu na to, jaki cel sobie postawisz, dobre pytanie i równie dobra odpowiedź muszą iść ze sobą w parze.

Mając cel i ustalone priorytety, zaczniesz dostrzegać wierzchołek góry lodowej, na której znajduje się produktywność. To jest właśnie to, co podziwiasz u innych osób, które mają tyle samo czasu i pieniędzy co Ty, ale zawsze umieją je wykorzystać lepiej i szybciej. Jeśli skupisz się na tylko jednej rzeczy, osiągniesz cele o wiele szybciej.

Tu pewnie powiesz: „Jak mam się skupiać tylko na jednej rzeczy?".

1. Mam rodzinę na utrzymaniu.
2. Mam dzieci.
3. Nie mam czasu na hobby.
4. Spłacam kredyt.
5. Chodzę do pracy.
6. Robię nadgodziny.
7. Po pracy tonę w papierach i rachunkach.
8. Muszę przecież odpoczywać.
9. Chcę spotykać się z przyjaciółmi.

Lista może być jeszcze dłuższa – i jest jak najbardziej prawdziwa. Życie nie jest przecież jednowymiarowe. Tu z pomocą przychodzą buddyjscy mnisi.

BUDDYJSKIE KOŁO ŻYCIA

Nasze życie składa się z płaszczyzn, które wzajemnie się przenikają. Buddyjskie koło życia to zbiór ośmiu najważniejszych aspektów Twojego życia, reprezentujących stopień zadowolenia lub sukcesy w każdej z tych dziedzin.

Znajdziesz tam:

- zdrowie,
- rodzinę i przyjaciół,
- finanse,
- karierę,
- rozwój osobisty,
- relaks i rekreację,
- środowisko,
- emocje.

To, o czym do tej pory przeczytałeś, tak naprawdę powinieneś zastosować w każdej dziedzinie Twojego życia. To oznacza, że musisz zadać ambitne i konkretne pytanie przy każdym z tych ośmiu aspektów. W przypadku zdrowia może ono dotyczyć diety lub ćwiczeń. W rodzinie najważniejsze są dobre relacje, więc może będziesz chciał spędzić więcej czasu z dziećmi lub wzmocnić więź z partnerem. W życiu duchowym być może zastanawiasz ię, jak pomóc innym, którzy tego potrzebują. W biznesie może tobyć na przykład podwojenie sprzedaży lub wejście na nowe rynki. W finansach wisi Ci nad głową kredyt hipoteczny, zastanawiasz się, jak go szybciej spłacić. W życiu zawodowym może marzy Cisię awans, najlepiej połączony z podwyżką.

Jak zauważyłeś, w ostatnim zdaniu rozwój osobisty połączył się z finansami. Tak naprawdę wszystkie te aspekty przenikają się nawzajem. Dzięki temu możesz uzyskać coś, co nazywane jest wzajemną produktywnością.

DOBRA WIELOZADANIOWOŚĆ

Pamiętasz, jak mówiłem, że 80% wielozadaniowości wyprowadzi Cię na manowce i będzie opóźniało dotarcie do celu? Zgodnie z zasadą Pareta musi być więc te 20% przypadków, w których wielozadaniowość przynosi Ci korzyści.

Aby zobrazować to najlepiej, wykorzystamy buddyjskie koło życia. Niektóre rzeczy można wykonywać razem poprzez wzajemną produktywność. Kluczem do tego jest nierobienie czegoś, co nie gwarantuje progresu w co najmniej dwóch innych sekcjach koła życia. Na pierwszy rzut oka może to się wydawać zbyt zagmatwane, więc przekonaj się o skuteczności tego podejściana poniższym przykładzie.

Pamiętasz wcześniejszy przykład związany z nauką języka obcego? Mógłbyś w tym przypadku zapisać się na kurs lub zatrudnić nauczyciela. Poprawiłbyś wówczas tylko jeden aspekt koła życia – rozwój osobisty. Jeżeli jednak zdecydujesz się na wyjazd zagraniczny z przyjaciółmi, żeby uczyć się języka od osób, które posługują się nim na co dzień, do rozwoju osobistego dorzucisz również rekreację oraz kontakty z przyjaciółmi.

Niektóre czynności są jeszcze lepsze, gdy łączymy je ze sobą. Rodzinne wyjście do muzeum nie tylko pozwoli Wam się czegoś wspólnie nauczyć, ale wpłynie pozytywnie na Wasze relacje. Zdecydowanie bardziej niż wspólne siedzenie na kanapie i oglądanie filmów. Jeżeli chcesz być produktywny, powinieneś wręcz zgłębiać dwa elementy z buddyjskiego koła życia jednocześnie.

„Ale ja lubię leżeć na kanapie i oglądać filmy". A kto nie lubi? Każdy z nas jest zmęczony lub łapie lenia – nie powinniśmy czuć się winni. Nawet zwykłe leżenie możesz połączyć z czymś jeszcze. Możesz w tym czasie rozciągać mięśnie i tym samym wpływać pozytywnie na swoje zdrowie. Możesz również oglądać film w języku, którego akurat się uczysz. Chodzi o to, żebyś nawet chwile słabości potrafił dostosować do swojej produktywności i zrobił to w sposób automatyczny, który nie będzie Cię męczył.

Poszukaj w życiu aktywności, które mógłbyś połączyć. Może to być czytanie książki podczas jazdy na rowerze stacjonarnym lub wyjście na wspólne bieganie z przyjacielem zamiast samemu. Znajdź sposób, żeby zastosować tę dobrą wielozadaniowość i wykorzystać swój czas jak najlepiej. Dzięki celom oraz priorytetom w poszczególnych aspektach życia będziesz mógłbyć bardziej efektywny i zorganizowany. No właśnie, na słowo „zorganizowany" wiele osób dostaje ciarek na plecach, podobnie jakw przypadku „dyscypliny".

Jak uporządkować te wszystkie cele i priorytety, żeby się w tym nie pogubić? Pozwól, że przedstawię Ci proste i niezwykle skuteczne narzędzie, z którego od wielu lat korzystam podczas projektów zawodowych.

MYŚLI ZEBRANE NA MAPIE

Każdy z moich projektów zawodowych i osobistych rozpoczyna się właśnie w ten sposób. Podczas szkoleń, które prowadzę, wykorzystujemy tę metodę, żeby wyciągnąć niedokończony projekt z szuflady lub zorganizować myśli przed rozpoczęciem działalności gospodarczej. Ta książka również rozpoczęła się na mapie.

„Na mapie? Na jakiej znowu mapie?" Na mapie myśli. *Mindmapping* to szczególna metoda robienia notatek, którą opracowali brytyjscy naukowcy Tony i Barry Buzan.

Twórcy metody podkreślają, że podczas tradycyjnego robienia notatek aktywna jest jedynie lewa półkula naszego mózgu, odpowiedzialna za logiczne myślenie, analizę, słowa i liczby. Dzięki użyciu w całym procesie sporządzania notek również symboli, kolorów, rysunków oraz efektu trójwymiarowości uaktywnia się prawa półkula, odpowiedzialna za wyobraźnię, rytm, postrzeganie przestrzenne, kolory i obraz całości. Podczas tego procesu obie półkule synergicznie ze sobą współpracują. Cały proces ma więc zwiększać efektywność pracy, a to jest właśnie to, czego wielu z nas szuka. Dodatkowo proces jest szybszy i przyjemniejszy, sprzyja twórczemu i wielokierunkowemu myśleniu, a nie nudnemu i odtwórczemu.

BUDUJEMY MAPĘ MYŚLI

Mapa myśli to rodzaj diagramu. W jego centralnej części znajdują się odpowiedź na Twoje najważniejsze pytanie lub Twój główny cel.

Dokoła we wszystkich kierunkach rozgałęziają się powiązane z tym zagadnieniem tematy lub pomysły. Z każdego z tych tematów mogą odchodzić kolejne podtematy, tworząc strukturę promienistą.

Cały proces rozpoczynamy od wpisania głównej myśli w centrum. Później dodajemy kolejne pomysły i słowa kluczowe powiązane z tym tematem. Pierwszy poziom stanowią tematy najbardziej związane z głównym celem. Możesz je nazwać na przykład kategoriami „rodzicami". W dalszej kolejności dokładasz do nich tematy „dzieci", które są elementami składowymi „rodziców". Budujesz w ten sposób naturalną hierarchię.

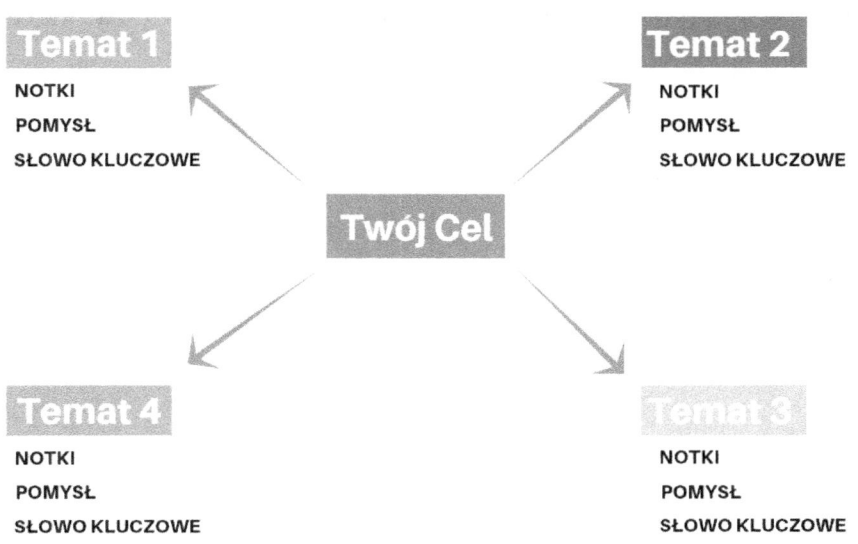

NIE OGRANICZAJ SIĘ

Podczas rozpoczynania pracy nad mapą myśli powinieneś wyrzucać z siebie i zapisywać wszystkie myśli związane z tym tematem, na które wpadniesz. W tym momencie nie ma złych ani dobrych pomysłów. Nie decydujesz też, co ma być zrealizowane jako pierwsze czy drugie. Wszystko, co przyjdzie do głowy Tobie lub członkowi Twojego zespołu – jeśli wykonujesz to ćwiczeniew pracy – ma znaleźć się na papierze, karteczkach samoprzylepnych lub na elektronicznej mapie myśl – narzędziu, które również jest dostępne.

Jedynym ograniczeniem w tej fazie jest unikanie długich zdań opisujących zagadnienie. Postaraj się używać pojedynczych słów kluczowych lub krótkich fraz. Możesz również przypisać konkretne kolory do poszczególnych kategorii tematów związanych z Twoim celem. Jeżeli używasz w trakcie ćwiczenia karteczek samoprzylepnych, główne kategorie mogą być na przykład zapisane na różowych karteczkach, „dzieci" na żółtych, a kolejne tematy na zielonych lub niebieskich. Pamiętaj, że to Ty ustalasz klucz, dzięki któremu będzie Ci później łatwiej złożyć wszystko w całość.

ZALETY MAPY MYŚLI

Mapa myśli ma wiele zalet oprócz tych wymienionych wcześniej. Poniżej są najważniejsze z nich.

1. Pomaga Ci się skupić. To, co najważniejsze, jest zawsze na środku i przed Twoimi oczami. To nie pozwoli Ci zboczyć z kursu.
2. Pomaga Ci uporządkować myśli. Nieważne, jak bardzo złożony jest temat – mapa myśli zawsze pozwoli Ci wprowadzić porządek do początkowego chaosu.
3. Zapewnia pełny przegląd tematu. Pozwala Ci spojrzeć na wszystko z szerszej perspektywy, dojrzeć powiązania między elementami oraz wprowadzić hierarchię.
4. Poprawia pamięć. Przypisując jedynie krótkie frazy lub słowa kluczowe do danego zagadnienia, tworzysz kotwice, które później ułatwiają przypomnienie sobie, co miałeś na myśli.
5. Poprawia efektywność. Nie tylko zwiększasz produktywność, lecz także oszczędzasz mnóstwo czasu.
6. Jest prosta w wykonaniu. To narzędzie może stosować zarównoprzedszkolak, jak i prezes wielkiej firmy.
7. Ułatwia przepływ pomysłów. Dzięki używaniu pojedynczych słów, symboli lub krótkich fraz możesz strzelać pomysłami jak z karabinu, o wiele szybciej niż zawsze. Nie musisz się zagłębiać w żadnen.
8. To świetna zabawa. Dzięki temu, że do gry wchodzą kolorowe karteczki, diagramy i rysunki, cały proces jest o wiele przyjemniejszy. Organizowanie tematu przeprowadzone w taki sposób wcale nie wygląda jak praca.

JAK USTALIĆ KOLEJNOŚĆ?

U mnie ta formuła świetnie sprawdziła się podczas pisania książki. Każdy rozdział i poszczególne elementy znalazły się na osobnych kartkach. W ten sposób powstały rozdziały i podrozdziały oraz zagadnienia, które powinny być poruszone. Dzięki zastosowaniu mapy myśli cały proces nabrał innego wymiaru. Każdy zapisek stał się tak naprawdę osobnym tematem, na którym mogłem się skupić. Najważniejsza rzecz była cały czas w środku całego diagramu, ale gdy przyszedł czas na realizację, każda karteczka została jedną najważniejszą rzeczą na dany dzień.

Wszystkie karteczki stanowiły osobne tematy, które musiałem doprowadzić do końca. W przypadku książki całe piękno tego systemu leży w tym, że mogę wybrać dowolną karteczkę z całości, potraktować jako osobny projekt i dopiero na końcu połączyć wszystko w całość. W ten sposób, zagłębiając się w dany temat, mogłem dojść do rzeczy, które również powinny się znaleźć w książce, a na które wcześniej nie wpadłem.

Dzieląc projekt na małe, łatwe do zrealizowania części, unikasz również efektu przytłoczenia i frustracji. Jedna rzecz realizowana naraz. Najpierw A, zanim przejdziesz do B.

Oczywiście przy niektórych inicjatywach takie wybiórcze działanie jest możliwe. Przy bardziej skomplikowanych przedsięwzięciach, gdy wszystkie elementy są od siebie zależne, musimy zdecydować, co w danej chwili jest najważniejsze. Tu z pomocą przyjdzie Ci gwiazda.

METODA GWIAZDY PRIORYTETÓW

To, że niektóre rzeczy są ważniejsze niż inne, już wiemy. Czy to jednak znaczy, że powinniśmy się nimi zająć w pierwszej kolejności?

Gwiazda priorytetów to świetne ćwiczenie, które pomoże Ci ułożyć pięć powiązanych ze sobą tematów i ustalić, który z nich powinien zostać wykonany jako pierwszy. Pokażę Ci to na podstawie przykładowego projektu marketingowego – bloga, którego być może będziesz chciał założyć. Możesz też wykorzystać to narzędzie do promocji Twojego biznesu.

Posty

Design   **Podcast**

Domena   **E-mail**

Zbierzmy pięć najważniejszych rzeczy, bez których nie osiągniemy naszego celu:

1. **Posty.** Na blogu muszą być oczywiście treści, które przyciągną użytkowników na Twoją stronę.
2. **Podcast.** Jednym z elementów, które chciałbyś wykorzystać, są rozmowy z interesującymi ludźmi lub nawet nagrane artykuły, mogące być słuchane przez osoby nie mające możliwości ani czasu czytać.
3. **Lista mailingowa.** Chciałbyś mieć regularny kontakt ze swoimi odbiorcami oraz informować ich o nowych wpisach na swojej stronie. Najlepszym sposobem na to jest stworzenie listy mailingowej.
4. **Serwer i domena.** Twoja strona musi się przecież jakoś nazywać i musi mieć swoje miejsce w Internecie.
5. **Design.** Chcesz, żeby Twoja strona i blog wyglądały atrakcyjne. Musisz mieć logo, które wyróżni Cię wśród konkurencji.

Mamy więc pięć rzeczy – na pierwszy rzut oka trudno wybrać, która powinna być zrobiona najpierw. Podcast ma powstać, zanim napiszę poszczególne posty? Czy listę mailingową powinienem ustawić, zanim pojawi się szata graficzna strony?

Jak sam widzisz, to doskonały przykład, ponieważ wszystkie elementy są ze sobą powiązane – stanowią składowe jednego większego przedsięwzięcia oraz problemu, który chcesz rozwiązać. Przyjrzyjmy się wzajemnym powiązaniom poszczególnych elementów. Zaczynamy od góry i poruszamy się zgodnie z kierunkiem wskazówek zegara.

Pierwsze pytanie brzmi: czy napisanie postów może przyspieszyć realizację podcastów, czy utworzenie podcastów pomoże tworzyć posty? Okazuje się, że transkrypcje nagrań świetnie sprawdzają się jako posty. Każdy nowy podcast może być automatycznie nowym postem na stronie. Rysujemy więc strzałkę od podcastu skierowaną w kierunku postu, pokazującą ich wzajemne powiązanie.

Kolejnym punktem jest lista mailingowa. Podstawowe pytanie: czy ludzie będą zapisywali się na moją listę mailingową, jeżeli nie będę miał postów na stronie? Prawdopodobnie nie, więc to posty będą napędzały sukces listy mailingowej.

A co z serwerem i domeną mojej witryny? Tak naprawdę nie mogę nic zrobić, dopóki nie będę miał domeny i serwera, na których będzie moja strona. Więc domena i serwer będą wspierały posty.

W przypadku postów i designu (szaty graficznej) może być trochę trudniej, ponieważ możesz rozpocząć publikowanie tekstów, nawet gdy cała oprawa graficzna nie jest jeszcze gotowa. Jeżeli jednak zależy Ci, żeby Twoje publikacje wyglądały atrakcyjnie oraz zdjęcia i grafiki były dostosowane do szablonu, powinieneś poczekać, aż design będzie gotowy. Nie stracisz czasu na powrót do postów tylko po to, żeby zmienić rozdzielczość grafiki.

Gdy określiliśmy już wzajemne relacje postu z innymi rzeczami, przechodzimy do kolejnego punktu na naszej liście – podcastu– i wykonujemy dokładnie to samo ćwiczenie. Czy podcast ułatwi powiększenie listy mailingowej? Więcej treści nastronie oznacza więcej interesującego materiału dla czytelników.

Będziesz miał szansę zainteresować więcej osób. Tak więc podcast stanie się motorem napędowym e-mail marketingu.

Domena i serwer również będą Ci potrzebne, ponieważ musisz mieć platformę do publikowania podcastu.

Podobnie jak w przypadku postów, również w przy podcaście szata graficzna może dyktować format kolejnych publikowanych odcinków i dołączoną do nich grafikę.

Kolejny tematem jest lista mailingowa. Będziesz potrzebował serwera i domeny, żeby zainstalować formularze przechwytujące maile użytkowników. Formularze będą musiały być przygotowane w stylu, w jakim będzie cała szata graficzna Twojej strony.

Pozostały nam więc dwa elementy: domena i design. Który według Ciebie jest ważniejszy? O wiele łatwiej będzie Ci pracować nad szatą graficzną, gdy będziesz miał już wykupione domenę i serwer. Będziesz mógł testować różne rozwiązania, a nawet wysłać linki stron testowych do znajomych i poprosić ich o opinię.

Po wykonaniu całego ćwiczenia powstała piękna gwiazda.

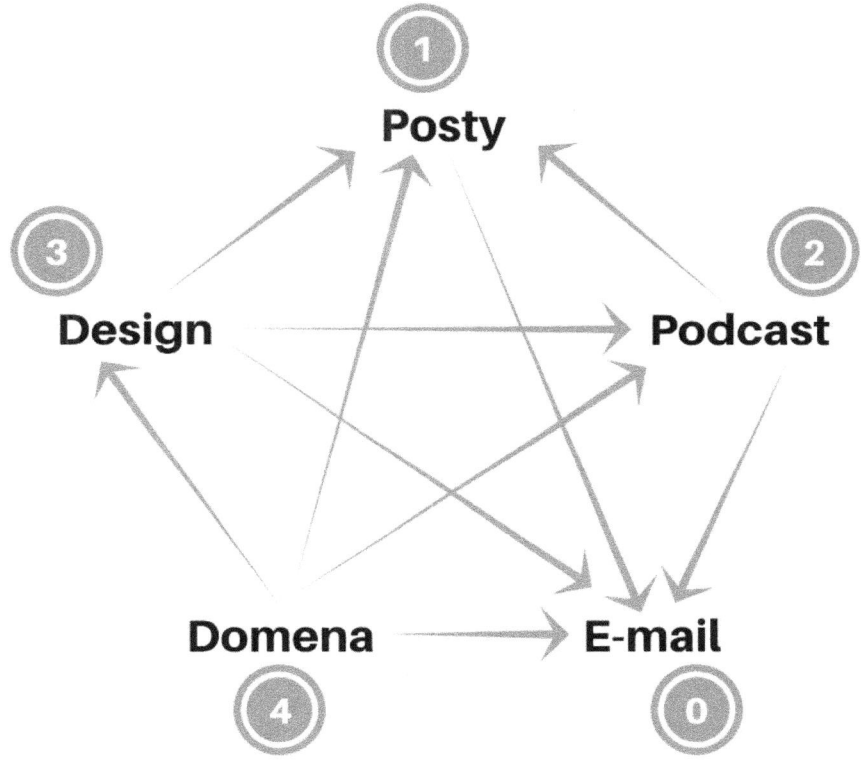

Teraz wystarczy policzyć strzałki wychodzące z każdegoz punktów.

- Posty – 1
- Podcast – 2
- E-mail – 0
- Domena/Serwer – 4
- Design – 3

Największa liczba strzałek wychodzących oznacza, że dany punkt jest krytyczny i od niego uzależnionych jest najwięcej pozostałych kwestii. W naszym przykładzie najważniejszą rzeczą jest więc wykupienie domeny i serwera.

Metoda gwiazdy priorytetów zadziała z powodzeniem w różnych aspektach Twojego życia. Najlepiej sprawdza się jednak w przypadku zadań, które są powiązane ze sobą w mniejszym lub większym stopniu. Przetestuj to rozwiązanie w praktyce i przekonaj się, jak wpłynie na Twoją produktywność i działanie do celu.

Jeśli sądzisz, że potrafisz, to masz rację. Jeśli sądzisz, że nie potrafisz – również masz rację.

Henry Ford

#11

NAJTRUDNIEJ JEST ZEJŚĆ Z KANAPY

W poprzedniej sekcji, przy okazji omawiania sześciu obszarów stojących na drodze do sukcesu, pojawił się temat motywacji, której nigdy nie ma, gdy jej potrzebujesz.

„Najtrudniejsze jest wstanie z kanapy" – powtarza często moja znajoma Wiola. I ma rację. Większe znaczenie ma jednak to, jak sam formułujesz zdania, którymi przekonujesz samego siebie, że brak akcji jest najlepszym rozwiązaniem.

„Dzisiaj nie czuję się na siłach", „Boję się podjąć te krok", „Boję się, co powiedzą inni, gdy mi się nie uda", „Nie czuję się gotowy". Pomyśl, ile razy wiedziałeś, że jesteś gotowy, ale jakaś magiczna siła blokowała Ci podjęcie akcji. Od tego jednego momentu Twój mózg już tylko się rozkręcał i zaczynał całą litanię powodów, dla których nie powinieneś ruszać się z miejsca. Być może jesteś otwartą, a nawet gadatliwą osobą, ale gdy zobaczyłeś na swojej drodze piękną dziewczynę lub przystojnego chłopaka, po prostu Cię zatkało i nie mogłeś wydusić słowa. I nadal czekasz na właściwy moment. Być może nawet na to, że Twój tata lub siostra dadzą Ci aprobatę i powiedzą, że to świetny pomysł. Czekasz, aż ktoś poklepie po ramieniu i powie „Idź po swoje marzenia, są przecież na wyciągnięcie ręki".

Nawet, gdy usłyszysz wszystko, co wymieniłem powyżej, i zapewne dużo więcej, nadal trudno będzie Ci podjąć akcję. Z prostej przyczyny: Nigdy nie będziesz czuł się gotowy!

Wyobraź sobie, że stoisz na rozbiegu skoku wzwyż lub skoku o tyczce. Poprzeczka jest zawieszona „tylko" na poziomie Twojego wzrostu, stoisz przy niej. Nieważne, czy masz 160 centymetrów wzrostu, czy 2 metry – cel jest blisko, na wyciągnięcie ręki, i nie wydaje się nieosiągalny. Cofnij się teraz myślami, stań w odległości 20–30 metrów od tej samej poprzeczki i zacznij przygotowywać się do skoku. Nagle może się okazać, że nie jesteś już tak pewny sukcesu, a poprzeczka wisi jakby wyżej niż wcześniej. Im dłużej o tym myślisz, tym mniej czujesz się gotowy oddać ten skok.

„Przecież nigdy nie skakałem i mogę sobie zrobić krzywdę", „To dla mnie za wysoko", „Po co mam skakać, skoro ludzie wymyślili drabiny?", „W sumie to mam lęk wysokości i się boję".

Wystarczy jednak, że zastąpimy plastikową poprzeczkę elastyczną gumką, która rozciągnie się, gdy jej dotkniesz podczas skoku – strach staje się mniejszy. Dużo łatwiej będzie Ci pobiec i oddać skok ze świadomością, że może się nie udać. Jeżeli mi nie wierzysz, odwiedź klub lekkoatletyczny w Twoim mieście i poproś jednego z trenerów o założenie poprzeczki lub gumy na zeskoku do skoku wzwyż. Bez względu na to, czy rzeczywiście wykonasz to ćwiczenie, czy odbędzie się tylko w Twojej głowie, odpowiedz sobie na jedno pytanie: „Nie czułem się pewnie, ponieważ bałem się spróbować, czy bardziej bałem się, że poprzeczka spadnie?".

To są właśnie Twoje marzenia, do których chcesz dojść. Są w Twoim zasięgu, ale im dłużej o nich myślisz, tym mniej Maszo chotę oddać ten skok. Boisz się, że gdy poprzeczka spadnie, będzie po zawodach. Nawet do głowy Ci nie przyjdzie, że Twoje życie to nie zawody i tak naprawdę nie masz tylko trzech prób, żeby osiągnąć cel, a na Twojej drodze, w wielu przypadkach, wcale nie ma twardej poprzeczki – jedynie elastyczna guma. Gdy oddasz pierwszy skok, będziesz wiedział, ile Ci zabrakło do przeskoczenia i co musisz poprawić. Przegrasz tylko, jeżeli nie oddasz tego skoku.

W sporcie i w życiu jest podobnie. W większości przypadków to nie logika ani to, co mówi Twoje serce, stanowi problem. To, jak się czujesz w danej chwili, decyduje za Ciebie. To uczucia decydują, czy zaczniesz działać, czy będziesz unikał jakiejś czynności.

NAJPIERW CZUJESZ, PÓŹNIEJ MYŚLISZ

Według Antónia Damásia, profesora neurobiologii, neurologii i psychologii w Dornsife College w University of Southern California, aż w 95% przypadków to właśnie uczucia decydują o naszej akcji. Najpierw czujemy, a dopiero później myślimy. Nie logika i nie serce, ale uczucia blokują Ci drogę do celu. Trudno uwierzyć? Pomyśl szybko. Logiczne byłoby, żebyś rzucił palenie albo przestał jeść tony słodyczy, ponieważ, dzięki temu będziesz zdrowszy. Twoje serce mówi Ci to samo – dzięki temu i serce będzie zdrowsze. Tylko, że jakoś nie czujesz się dzisiaj na siłach, żeby to zrobić. Dzisiaj wypalę ostatniego papierosa na imprezie ze znajomymi, dzisiaj spałaszuję jeszcze trzy tabliczki pysznej czekolady.

Ale za to od jutra… Od jutra będę nowy ja. Czuję, że to właśnie ten moment. Czuję, że tym razem się uda. To błędne koło nie ma końca.

Niestety, nasze odczucia prawie nigdy nie są w harmonii z tym, co dla nas dobre. Jeżeli działasz więcej tylko wtedy, gdy czujesz się gotowy, nigdy nie ruszysz do przodu i nie zrealizujesz swoich planów. Jeżeli wcześniej nie zwracałeś na to uwagi, zacznij przyglądać się Twoim małym, najmniejszym decyzjom, które podejmujesz w ciągu dnia. Szybko zauważysz, że za każdym razem, gdy masz do podjęcia jakąś decyzję, zaczynasz sumować wszystkie za i przeciw.

PRZESKOCZĘ CZY NIE PRZESKOCZĘ?

Gdy już masz skompletowaną listę, pozwalasz Twoim przeczuciom decydować o tym, czy podejmiesz akcję, czy zostawisz wszystko tak, jak jest. Codziennie musimy podejmować mnóstwo mniejszych lub większych decyzji i cały ten proces przebiega tak szybko, że nie zwracamy na niego uwagi. Spójrz na to logicznie: wiesz, że wybierając rano spośród pięciu sukienek, we wszystkich będziesz wyglądała dobrze. Jednak dzisiaj w tej żółtej nie czujesz się zbyt dobrze, mimo że jako pierwsza wpadła Ci w oko. Ta jedna wątpliwość bardzo często przeważa nad pozostałymi pozytywnymi myślami. Jest przecież piękna, słoneczna pogoda, w ubiegłym tygodniu kupiłaś sobie nawet buty i torebkę, które pasują do tej sukienki.

Jedno odczucie sprawia, że zamiast żółtej wkładasz… czarną, bo wyszczupla, a dzisiaj nie czujesz się tak szczupła jak zawsze. Nie walczysz ze swoją potrzebą zrobienia czegoś dobrego dla siebie – walczysz ze swoimi odczuciami na ten temat. Dlatego tak trudno Ci zmienić pracę, nawet, gdy szef się na Tobie wyżywa. Tłumaczysz sobie, że w nowej pracy może być tak samo. Na dietę przejdziesz jutro, bo dzisiaj miałaś trudny dzień i ta pyszna połowa tortu osłodzi Ci wszystkie stresy, ale od jutra...

ODWLEKANIE TO NIE LENISTWO

Zwróć uwagę szczególnie na ostatnie zdanie, w którym odrobina słodkości jest receptą na stres. Być może do tej pory uważałeś, że odkładanie wielu rzeczy na później to po prostu lenistwo. W końcu jak facet powie, że naprawi ten kran, to naprawi i nietrzeba mu co pół roku przypominać.

Innego zdania jest Timothy Pychyl, który poświęcił lwią część swojego życia na analizowanie zjawiska zwanego naukowoprokrastynacją. W ciągu trwających już 19 lat badań Pychyl odkrył, że odwlekanie nie jest formą lenistwa. To forma unikania stresu, a nawet krótkotrwałej poprawy nastroju. Gdy odkładamy coś na później, podświadomie żądamy, żeby poczuć się lepiej teraz, w tej chwili. To możemy uzyskać przez przełożenie na później stresu związanego z danym zadaniem. Odkładamy na później wiele rzeczy, ponieważ jesteśmy zestresowani!

Stresujących sytuacji w naszym życiu może być wiele. Mogą dotyczyć naszej pracy, sytuacji finansowej, zdrowia lub relacji z najbliższymi.

Dobrze wiesz, że musisz poświęcić czas na zaplanowanie domowego budżetu, żeby nie zabrakło pieniędzy na podstawowe rzeczy, gdy rata kredytu podskoczyła. Być może Twoje nastoletnie dziecko wpadło w złe towarzystwo i zaczęło sprawiać więcej problemów. W porównaniu z tymi problemami wyjście z kolegami na piwo wydaje się znacznie lepszą alternatywą. Daje Ci dodatkowo ten chwilowy zastrzyk energii i pozwala odciąć się od kłopotów.

Niestety, takie podejście na dłuższą metę tylko podwyższa poziom stresu w Twoim życiu. W końcu będziesz musiał zmierzyć się z tymi sprawami. Nie dość, że przed nimi nie uciekniesz, to później będziesz działał pod presją czasu. Banku nie będzie interesowało przecież Twoje wyjście na piwo, gdy będzie wystawiał ostateczne wezwanie do zapłaty.

Im częściej odwlekasz różne sprawy, tym bardziej wchodzi Ci to w krew. Bez większego skupiania się na tym tworzysz nawyk, który zaczyna działać jak narkotyk. Jak już wspominałem w poprzedniej sekcji, wytworzenie niektórych nawyków trwa krócej niż innych. Niestety, te negatywne przychodzą nam znacznie łatwiej. Albo znajdziesz sposób, żeby coś zrobić, albo znajdziesz wymówkę.

PIERWSZY SKOK DO CELU

Wiesz już, że za spadkiem produktywności i odkładaniem wielu spraw na później stoją Twoje uczucia. Odwlekanie jest tak naprawdę nawykiem, który ma nam chociaż na chwilę poprawić samopoczucie oraz pomóc się odstresować. Wiemy więc, gdzie leży problem, jak sobie jednak z nim poradzić? Oczywiście nie możesz kontrolować tego, co czujesz. Masz za to pełny wpływ na to, co robisz!

JAK TO ROBIĄ PROFESJONALNI SPORTOWCY?

„Z tym trzeba się urodzić" – pewnie powiesz. Talent to tak naprawdę tylko niewielka składowa całej układanki. Ciężka praca w drodze do wyznaczonego celu to drugi klocek domina. Ale to nie wszystko.

Jaki jest więc magiczny składnik?

– Cały czas do przodu – odpowiada Sylwester Bednarek, najlepszy polski skoczek wzwyż. Wtóruje mu Barry Pender, najlepszy skoczek wzwyż w Irlandii:

– Po prostu staję na rozbiegu i ruszam, bez dłuższego rozmyślania– mówi. – Kluczem do wszystkiego jest działanie. Emocje przeszkadzają w tym wszystkim.

I to właśnie umiejętność wyłączenia emocji w kluczowych momentach decyduje o sukcesie. Wtedy możemy pobiec szybciej, rzucić dalej czy skoczyć wyżej. Podczas meczu piłki nożnej walka na boisku przez 90 minut wiąże się z dużym wysiłkiem. Mimo wszystko zawodnicy nie zachowują się jak zmęczeni i walczą do samego końca. Jeżeli stawką jest mistrzostwo, nie myślą – po prostu działają.

Być może zabrzmi to jak kryptoreklama firmy Nike, ale jej slogan reklamowy jest odpowiedzią na Twoje pytania: „Jak zacząć? Jak coś zmienić? Jak poprawić sytuację w moim życiu?". Po prostu to zrób – *just do it!*

Skoro motywacji nigdy nie ma, gdy jej potrzebujesz, a odczucia grają Ci na nosie, to czego w końcu potrzebujesz? ODWAGI!

Podsumowując wszystko, czego do tej pory dowiedzieliśmy się na temat odkładania ważnych spraw na później, mamy trzy rzeczy, nad którymi musimy zapanować:

- uczucia,
- złe nawyki,
- odwaga.

Sprawdźmy więc, jak sportowcy radzą sobie z tymi przeciwnościami.

POTĘGA RYTUAŁÓW

Pamiętasz słowa „Jest nisko… przeskocz to" z początku książki? Być może słyszałeś również, że ktoś ma szczęśliwe skarpetki, a rzucająca młotem Anita Włodarczyk opowiadała w mediach, ile jajek je na śniadanie przed zawodami. Gdy obejrzysz filmiki z konkursów skoku wzwyż Stefana Holma, zobaczysz, że przed każdym skokiem kręcił obrączką, przesuwał dłonią po twarzy w taki sam sposób. Ivan Ukhov z kolei pocierał uszy i prosił publiczność o nieco inny rytm klaskania.

Być może te rytuały nie rzuciły Ci się w oczy. Bardziej widowiskowa jest na pewno haka w wykonaniu drużyny rugby „AllBlacks" z Nowej Zelandii. Rafael Nadal ma z kolei fioła na punkcie odpowiedniego ustawienia butelek z wodą na korcie.

ŹRÓDŁO TAJEMNEJ MOCY

W sporcie rytuały możemy w skrócie opisać jako pewne zachowania lub działania, które zawodnicy wykonują z przekonaniem, że właśnie te czynności mają określony cel lub moc i wpływają pozytywnie na wydajność. Wielu sportowców uważa, że wykonywanie tego rytuału przed konkurencją poprawia ich wynik.

W zależności od zawodnika rytuały mogą dotyczyć różnych rzeczy. Może to być określona część stroju sportowego, jak kolor koszulki, jedzenie, napoje czy muzyka, której słuchają. Z drugiej strony można na to patrzeć jak na przesąd, który został wypracowany z biegiem czasu, często przypadkowo, i stał się wymagany i pożądany podczas kolejnych zawodów.

Wszystko zaczyna się od analizy przebiegu rywalizacji, podczas której zawodnik osiągnął rekordowy lub bardzo słaby wynik. Wówczas rozpoczyna się poszukiwanie relacji pomiędzy przyczynami skutkami. Z czasem okazuje się, że dobre wyniki pojawiały się, gdy sportowiec miał na sobie konkretną koszulkę oraz na śniadanie zjadł dokładnie tę samą ilość konkretnego jedzenia. W tej sytuacji zawodnik zaczyna przypisywać swoje sukcesy tym z pozoru bezwartościowym elementom i próbuje odtworzyć te same warunki przed kolejnymi zawodami. Dzięki temu buduje większą pewność siebie i może skupić się tylko na jednej rzeczy – rozpoczęciu rywalizacji.

TWÓJ RYTUAŁ STARTOWY

W życiu jednak trudno oczekiwać, żeby zielone skarpetki w grochy miały pomóc Ci w podejmowaniu ważnych życiowych decyzji. Tym bardziej, że rywalizujesz ze swoimi uczuciami i tak naprawdę masz kilka sekund, żeby wygrać.

Dobrze słyszałeś... KILKA SEKUND!

Żeby zacząć realizować kolejne plany i spełniać marzenia, potrzebna jest szybka, zdecydowana, wręcz sprinterska akcja. Sprinterskie „Gotowi... do startu... start!" chyba najlepiej opisuje rytuał, który musisz wyrobić. Te ułamki sekund, gdy wiesz, żeza chwilę padnie strzał i będziesz musiał pędzić do mety, są decydujące. Gdy padnie strzał potrzebujesz stanowczej i szybkiej fizycznej akcji, żeby znaleźć się w drodze do mety. To jest wyścig z Twoimi uczuciami, które po tych kilku sekundach dochodzą do głosu i zaczynają szukać wszystkich za i przeciw. Wtedy Twój mózg szuka jednej chwili zawahania, żeby spotęgować Twój strach.

Przed rozpoczęciem mózg może być Twoim największym przeciwnikiem. Gdy tylko rozpoczniesz nowy projekt, mózg stanie po Twojej stronie. Coś zmienia się w Twoim umyśle i napędza Cię do dalszego działania. Musisz więc opracować własnyrytuał startowy, który będziesz świadomie powtarzał zawsze, gdy będziesz miał do podjęcia ważną decyzję. Taki, dzięki któremu będziesz mógł się skupić tylko na jednej rzeczy – swoim najważniejszym celu.

MASZ MAŁO CZASU

„Przeskocz to" to mój rytuał startowy, który związany jest z moją sportową przeszłością. Przez lata sprawdził się jednak również w życiowych sytuacjach.

W jaki sposób Ty możesz stworzyć swój rytuał, nawet jeżeli nigdy nie uprawiałeś sportu? Jedno już wiesz – Twoje hasło musi być krótkie, ponieważ masz mało czasu, zanim Twoje uczucia dojdą do głosu. Powinieneś więc mieć poczucie uciekającegoczasu, w którym musisz zacząć działać. Sportowe komendy, jak „Gotowi... do startu... start!", sprawdzają się tutaj świetnie.Podobnie jest z odliczaniem do startu rakiety. Wiesz, że gdy licznik dojdzie do zera, nastąpi zapłon i rakieta wystartuje.

Gdy będziesz Tworzył hasło startowe dla swoich życiowych projektów, musisz pamiętać również o fizycznej akcji, nawet najmniejszej, w kierunku Twojego celu.

Tak jak sprinter wychodzi z bloków po strzale i rakieta zaczyna się unosić po zerze, Ty musisz wykonać pierwszą fizyczną akcję po wypowiedzeniu swojego rytuału startowego. Jeżeli zamiast w dół będziesz liczył w górę, nic z tego nie wyjdzie. Ile razy robiłeś coś z kolegami na „trzyyyy... czteeeeryyyyy..." i później było„pięć... sześć..." i dalej? Trzeba było zaczynać od nowa, bo nikt nie chciał być pierwszy.

ZACZNIJ OD MAŁYCH RZECZY

Rzucanie się na głęboką wodę, gdy dopiero zaczynasz, może być przytłaczające. Możesz więc wypróbować potęgi rytuału startowego na czymś mniej ważnym, jak na przykład na domowych porządkach czy wstawaniu rano z łóżka. Możesz też wyciszyć telefon lub wyłączyć Facebooka podczas wykonywania ważnych czynności.

Fizycznie zacznij jakąś czynność, zanim będziesz gotowy. Robiąc to, nie tylko zwiększasz szansę na powodzenie, ale też zaczynasz wyrabiać w sobie nowy, lepszy nawyk.

REAKCJA ŁAŃCUCHOWA

Skoro, jak udowodnił Timothy Pychyl, odkładanie rzeczy na później stanowi nawyk, to nie jest to nieuleczalna choroba. Można sobie z tym spokojnie poradzić. Jak każdy sportowiec, uczący się poprawnego wykonywania jakiegoś ruchu, Ty również możesz zastąpić stary nawyk nowym, lepszym.

Masz już ustalony jeden najważniejszy cel, nadałeś priorytety innym rzeczom, które pomogą Ci w drodze do celu. Teraz pracujesz nad wyrobieniem nawyku, który pozwoli Ci w błyskawicznym tempie przechodzić od pomysłu do działania. „Połowy dokonał, kto zaczął", jak mówił Horacy, jest w tym przypadku prawdziwe.

Znalazłeś już swój pierwszy klocek domina, ten najważniejszy, który jest w stanie ruszyć kolejne. Teraz szukasz siły, żeby go przewrócić. Tyle że ten Twój jeden klocek domina to wcale niejeden wielki kloc, tylko zbiór wielu małych klocków, które ułożyłeś w swojej mapie myśli. Nie musisz się napinać, żeby zrobić wszystko naraz – musisz tylko znaleźć jeden mały klocek, który przewróci inne małe klocki.

Gdybyśmy mieli znowu porównywać cały ten proces do świata biznesu, Twój główny cel to byłby ten strategiczny, który chcesz realizować przez wiele lat. Możemy go nazwać planem 10-letnim. Przez te 10 lat każdego roku będziesz musiał wykonywać inne mniejsze części planu, które pozwolą Ci na realizację głównego celu. Idąc dalej tym tropem, w ciągu roku każdego miesiąca będziesz robił jeszcze mniejsze rzeczy, które będą prowadziły do wykonania nie tylko planu rocznego, ale również 10-letniego. I tak dalej, aż dochodzimy do momentu, gdy każdego dnia musiszskupić się na jednej rzeczy, która o krok przybliży Cię do urzeczywistnienia długofalowego planu.

MAŁYMI KROKAMI DO CELU

Żeby lepiej wyobrazić sobie tę sytuację, wystarczy przyjrzeć się domowemu budżetowi. Wiele osób własny dom traktuje jako największe marzenie, ale na samo słowo „oszczędzanie" ma dreszcze.

Dla przykładu weźmy kwotę 250 000 złotych, którą trzeba zebrać na własne mieszkanie lub mały dom. Wstaw sobie tutaj dowolną kwotę w zależności od cen nieruchomości w Twoim regionie. Równie dobrze możesz odkładać na samochód.

Jeżeli dasz sobie 10 lat na odłożenie tej kwoty, misja może wydawać się beznadziejna. Przecież 10 lat to bardzo długo, a 250 000 złotych to bardzo dużo pieniędzy. Jeżeli jednak przyjmiesz, że 10 lat daje w sumie 120 miesięcy i podzielisz kwotę przez tę liczbę, okaże się, że musisz oszczędzić 2083 złote miesięcznie przez ten okres.

Nadal dużo, prawda? W ciągu roku mamy jednak 52 tygodnie, więc przez 10 lat mamy 520 tygodni, w ciągu których będziemy musieli oszczędzić 480,80 złotych tygodniowo. Marzenie robi się coraz bardziej realne. Dochodzimy więc do tego, że 10 lat to 3650 dni, a każdego dnia musimy odłożyć niecałe 70 złotych, żeby mieć własny dom. To niewiele, prawda?

MAŁY SUKCES NAPĘDZA WIĘKSZY

Bardzo podobnie jest z dobrymi nawykami. Jeżeli przyjmiesz, że Twoje życie składa się z decyzji, to jeśli będziesz w stanie zmienić jedną decyzję, będziesz mógł zmienić swoje życie. Tak jak przeskakiwanie małych wysokości daje Ci pewność do podniesienia poprzeczki wyżej, tak samo małe sukcesy napędzają większe.

Popychając się do robienia tych małych rzeczy, nabierasz rozpędu i zaczyna się reakcja łańcuchowa. Przełamując kolejne małe złe nawyki i wykształcając nowe, lepsze, zwiększaszsnie tylko szanse na osiągnięcie celu, ale również pewność siebiei odwagę. Jedna drobna rzecz po drugiej zakończona sukcesem sprawia, że poczucie własnej wartości i odwaga wskakują na wyższy poziom.

Stay afraid, but do it anyway. What's important is the action. You don't have to wait to be confident. Just do it and eventually the confidence will follow.

Carrie Fisher

#12

ODWAGA I PEWNOŚĆ SIEBIE

Jako specjalista od marketingu jestem pod ciągłym wrażeniem światowego fenomenu, jakim stały się *Gwiezdne wojny*. To doskonały przykład, jak jedna rzecz, jedna historia może nie tylko przeobrazić się w ogromny biznes, ale również zmienić życie milionów osób na całym świecie.

Zanim zacząłem pracę nad tą książką, podczas rozmów ze znajomymi o ich planach i projektach cały czas przewijały się dwa słowa: „boję się". Nie wiem czemu, ale zawsze wtedy widziałem Luke'a Skywalkera wchodzącego do jaskini wypełnionej ciemną stroną mocy na Dagobah w części *Imperium kontratakuje*.

Luke wszedł do jaskini, by zmierzyć się z własnymi lękami. Przed wejściem zapytał swojego mistrza Yodę: „Co tam jest?", a ten mu odpowiedział: „Tylko to, co zabierzesz ze sobą". Luke zabrał ze sobą miecz świetlny, okazując strach i bojąc się o swoje życie. Po walce, w której odciął głowę Darthowi Vaderowi, zobaczył jednak coś, czego się nie spodziewał. Pod maską był on sam. Nie walczył z żadnym przeciwnikiem. Walczył sam ze sobą i swoimi słabościami.

Planując nasze marzenia, niezależnie, czy sportowe, czy życiowe, również walczymy głównie z samym sobą. Własne odczucia zaczynają nam mieszać w głowie, a inne osoby wstawiamy do równania, żeby dodatkowo wzmocnić swoje argumenty.

Jest wiele złamanych osób, które przejmują się, co pomyślą: ich brat, siostra, ojciec, mąż czy żona. Ten strach nie jest jednak zbudowany na faktach, ale na opiniach, które nie mają wiele wspólnego z rzeczywistością. Nikt przecież nie jest na tyle mądry, żeby dzisiaj Ci powiedzieć, że Twoje firma lub projekt wypalą. Żeby się o tym przekonać, trzeba mieć odwagę do rozpoczęcia działań.

NASZE MAŁE ODWAGI

Być może gdy słyszysz słowo „odwaga", przychodzi Ci na myśl ponownie scena z mężczyzną wspinającym się po balkonach, żeby uratować małe dziecko. Każdego dnia stajemy jednak przed całym mnóstwem sytuacji, w których musimy się wykazać dużo mniejszą odwagą.

Gdy przyjrzysz się swojemu życiu bliżej, zauważysz, że codziennie masz do czynienia z rzeczami, które są dla Ciebie trudne, niepewne, a nawet przerażające jak wspinanie się po balkonach bez zabezpieczenia. Stawianie czoła momentom, które otwierają przed Tobą nowe możliwości, zwiastują poprawę jakości życia, również wymaga niesamowitej odwagi.

Pytanie o podwyżkę często jest przerażające. Ostatnio słyszałem od człowieka, któremu dołożono obowiązków i zaproponowano awans na papierze, że zarabia już tyle, że wstydziłby się poprosić o więcej. Wynagrodzenie niestety było dalece nieadekwatne do wymiaru obowiązków, tym bardziej że często zabierał pracę do domu i przez to tracił możliwość spędzania tego czasu z dziećmi.

Wyobraź sobie teraz sytuację, gdy miliony Polaków planują emigrację zarobkową. Wiedzą, że dzięki temu będą mogli poprawić jakość życia. Mimo faktu, że za granicą żyje już wielu Polaków, nigdy nie będą mieli pewności, czy im się uda. Potrzebny jest ten pierwszy krok. Jak myślisz, jak wielu z nich brakuje odwagi? Z drugiej strony, kiedy piszę tę książkę, następuje zmiana turnusów, czyli emigranci, którzy osiągnęli już to, co zaplanowali, wracają do Polski. I okazuje się, że powrót do własnej ojczyzny jest o wiele trudniejszym wyzwaniem niż wcześniejszy wyjazd. Im dłużej myślą, tym więcej mają pytań: „Czy znajdę pracę?", „Czy się odnajdę?". Nie lada odwagi trzeba było, żeby wyjechać do obcego kraju, a tutaj okazuje się, że jeszcze większej odwagi potrzeba, żeby wrócić do ojczyzny. Odwaga jest w każdym z nas. Niestety, sami skutecznie ją zagłuszamy i staramy się ją racjonalnie zbyć.

GWIAZDA NA WYCIĄGNIĘCIE RĘKI

„Dobrze – powiesz – ale emigracja czy pytanie o podwyżkę nie są łatwymi życiowymi decyzjami". Oczywiście, że nie, ale sam najlepiej wiesz, jak to jest, kiedy masz coś na końcu języka, a jednak tego nie mówisz.

Dobrym przykładem będzie historia Nialla, który razem ze mną czestniczył w klubowych mistrzostwach Europy w Birmingham. Na tych zawodach startowało wiele gwiazd światowego formatu, które można podziwiać w relacjach telewizyjnych.

Niall jest trójskoczkiem, więc najbardziej podekscytowany był spotkaniem z Pedrem Pablem Pichardem, wówczas najlepszym trójskoczkiem na świecie. Po prostu buzia mu się nie zamykała na ten temat podczas całej podróży i pobytu w hotelu. Opowiadał, że chciałby go zapytać o kilka spraw technicznych, zrobić sobie z nim zdjęcie, poprosić o autograf. Pierwszego dnia zawodów nerwowo rozglądał się po stadionie i trybunach, wypatrując wojego bohatera.

Po obiedzie stała się rzecz wyjątkowa. Niall siedział na krzesełku po mojej prawej stronie, a po lewej usiadł... dokładnie – Pedro Pablo Pichardo. Powiedziałem: „No, stary, bliżej to już niebędziesz. Zamienimy się miejscami, porozmawiasz na spokojnie. Zrobię wam zdjęcie". I widziałem ten błysk w jego oku i radość na możliwość poznania swojego bohatera. Trwało to możez 15 sekund, jego mózg wyraźnie procesował całą sytuację. Im dłużej to trwało, tym bardziej gasł jego zapał. Znasz pewnie tę sytuację, gdy nabierasz powietrze, żeby coś powiedzieć, a po chwili powoli wypuszczasz je bez słowa, jak z balonika. Niall po chwili odpowiedział: „Nie, jutro na rozgrzewce i konkursie z nim porozmawiam... na spokojnie".

Jak się pewnie domyślasz, do rozmowy nie doszło. Podczas rozgrzewki Pichardo był skupiony, a na konkursie oddał tylko dwa skoki i opuścił skocznię. Kilkusekundowe okno, gdy można było podjąć decyzję i zdobyć się na małą odwagę, przepadło. Później znajomy jeszcze próbował obrócić to w żart i mówić, że następnym razem Pichardo będzie chciał sobie zrobić zdjęcie z nim, ale w głębi serca wiedział, że takiej okazji może już nie dostać nigdy w życiu.

BUDUJ PEWNOŚĆ SIEBIE

To nie była ryzykowna decyzja, jednak mózg zrobił mu psikusa. Pamiętaj, że wszelkie wymówki są złe. Nigdy nie ma właściwego czasu, żeby poprawić jakość swojego życia lub zrealizować plany. Pięknie ujął to Wayne Gretzky: „Spudłujesz 100% strzałów, których nie oddałeś".

Jak zdobyć tę odwagę, skoro teraz tak bardzo Ci jej brakuje?

Wielką pomyłką wielu osób jest myślenie, że pewność siebie to kwestia osobowości. Odwaga i pewność siebie to nie są wcale rzeczy wyssane z mlekiem matki. Te umiejętności zdobywasz tylko i wyłącznie poprzez działanie.

A co, jeżeli się nie uda? Strach przed kiepskim występem, przemową, byciem niewystarczająco dobrym, czuciem się jak frajer – nikt nie chce stawić czoła takiej rzeczywistości. Dlatego unikamy takich sytuacji jak plagi.

Możesz zrobić ćwiczenie. Udawaj przed samym sobą, że jesteś w dobrej formie, gdy nie chodzisz do siłowni. Gdy tylko pójdziesz na trening, musisz zmierzyć się z rzeczywistością. Wtedy po dwóch minutach biegania lub jazdy na rowerze jesteś bez oddechu. Nagle okazuje się, że nie masz formy wcale. To dlatego unikamy wyzwań – żeby chronić nasze ego, nawet kosztem eliminacji czegoś, czego pragniemy.

Jedna prosta zmiana, którą możesz wprowadzić w życie, może wszystko zmienić. Kluczowy jest właśnie ten jeden nawyk, żeby być szybszym od swoich odczuć i w kilka sekund zdobyć się na akt nawet najmniejszej odwagi, żeby coś zmienić. Twoja pewność siebie jest budowana przez te małe rzeczy, które wykonujesz każdego dnia.

Te małe projekty budują również Twoje zaufanie do samego siebie.

Być może masz nadwagę i wstydzisz się iść do siłowni, ponieważ boisz się spojrzeń i komentarzy innych. Twoją małą odwagą może być napisanie do dietetyka lub trenera personalnego, żeby przygotował Ci rozpiskę posiłków oraz zestaw ćwiczeń, które będziesz mógł wykonywać w domu. Nagle okazuje się, że waga spada i jesteś coraz bardziej zadowolony ze swojego wyglądu. Bez wychodzenia z domu.

Ten mały pierwszy krok odwagi może prowadzić do kolejnego. Przestaniesz przejmować się tym, co powiedzą inni, i zapiszesz się do siłowni, być może również na zajęcia taneczne, o których zawsze marzyłeś. I o to właśnie chodzi. Przestań mówić ludziom o swoich marzeniach. Pokaż im! Odwaga i pewność siebie idą zesobą w parze. Każdy drobny akt działania będzie Cię napędzał dokolejnych rzeczy. Tak naprawdę zyskujemy pewność siebie tylko dzięki działaniu! Żadna książka i żadna teoria tego nie zmienią.

TERAZ STRACH, PÓŹNIEJ ŻAL

Mówiąc o odwadze, chciałbym, żebyś spojrzał na swoje marzenia i projekty z nieco szerszej perspektywy.

Wyobraź sobie siebie za kilkadziesiąt lat, gdy myślami będziesz już tylko wracał do przeszłości u końca swoich dni. Jak sądzisz? Będziesz wówczas bardziej cieszył się z tego, co udało Cisię osiągnąć? A może będziesz sobie pluł w brodę i czuł ogromny żal za wszystkie rzeczy, które odkładałeś na później?

Przyjrzał się temu Karl Pillemer, profesor Human Development, Cornell University, który spotkał się z 1200 osobami, żeby porozmawiać z nimi o znaczeniu życia. Okazało się, że wszyscy, którzy byli bliscy końca swojego, zgodnie twierdzili: „Żałuję, że spędziłem tak znaczną część mojego życia na zamartwianiu się". Ich rada była prosta: Martwienie się to największa strata w naszym cennym i ograniczonym życiu.

Zanim przejdziemy do kolejnej ważnej rzeczy, chciałbym, żebyś zapamiętał i powtórzył do samego siebie przed lustrem:

Obiecaj, że zawsze będziesz o tym pamiętać: jesteś odważniejszy, niż sam w to wierzysz, jesteś silniejszy, niż Ci się wydaje, i jesteś mądrzejszy, niż myślisz.

Kubuś Puchatek, A.A. Milne

#13

CHROŃ SWÓJ CZAS

Nigdy nie zapominaj, że czas to Twój największy skarb! Każdy z nas ma do dyspozycji tyle samo godzin w ciągu dnia. Jak to jest, że niektórzy mogą w tym czasie zrobić dużo więcej niż inni? Jak robią więcej, osiągają więcej, mają więcej? Jeżeli czas jest walutą sukcesu, dlaczego potrafią mieć w banku więcej niż inni? Skoro czas to pieniądz, to ile pieniędzy zarabiasz, ganiając za wszystkimi rzeczami, które obecnie robisz?

Pewnie teraz drapiesz się w głowę, nie bardzo wiedząc, jako dpowiedzieć na to pytanie. Jedno, co wiesz na pewno, to że „doba jest za krótka" i „nie mam czasu, żeby to wszystko zrealizować".

W jaki sposób niektórzy potrafią więc w tym samym czasie zrobić więcej niż inni? Odpowiedź jest taka: skupiają się na JEDNEJ najważniejszej rzeczy i poświęcają jej odpowiednią ilość czasu.

Najprościej porównać do twojego hobby. Jeżeli uwielbiasz grać na gitarze lub uprawiać jakiś sport, dopasowujesz swój dzienny harmonogram, żeby zawsze znaleźć czas na to, co kochasz robić. Dzięki temu, że poświęcasz na tę czynność więcej czasu, stajesz się coraz lepszy. Gdy widzisz poprawę wyników, jesteś szczęśliwy i nie żałujesz czasu na tę aktywność. Ponieważ weszło Ci już to w nawyk, wszystko przebiega sprawnie i niemal automatycznie.

Odpowiedzią na wszystkie Twoje bolączki związane z czasem jest zebranie wszystkiego, co do tej pory przeczytałeś, w jedną całość.

CHROŃ TO, CO NAJWAŻNIEJSZE

Wcześniej odpowiedziałeś sobie na konkretne i ambitne pytanie i już wiesz, jaki masz CEL. Wiesz, co jest dla Ciebie najważniejsze, pozostałym rzeczom również nadałeś odpowiednie priorytety.

Teraz odpowiedz sobie szczerze na bardzo ważne pytanie: Ile faktycznie czasu poświęcasz dziennie na to, co dla Ciebie najważniejsze? Powielając mit, że wszystko jest równie ważne, wpadasz w pułapkę wielozadaniowości i prawdopodobnie okaże się, że na najistotniejsze sprawy masz zaledwie okruchy czasu w ciągu dnia.

Kolejne pytanie brzmi: czy najważniejsza dla Ciebie rzecz ma najważniejsze miejsce w Twoim codziennym grafiku, czy jest wrzucona pomiędzy inne, mniej ważne sprawy?

W sporcie jest pod tym względem prościej. Masz trenera, który zaplanuje za Ciebie rozkład zajęć, i wiesz dokładnie, co będziesz robił danego dnia. Niektórzy trenerzy przygotowujący swoich podopiecznych wybiegają w przyszłość. Na przykład Alex „Fuzz" Caan (Fayyad Ahmed), sporządzając plany dla najlepszych skoczków wzwyż, przez kilka lat analizował dni tygodnia, a nawet konkretne godziny, w jakich rozgrywano eliminacje oraz finały największych zawodów. Wszystko po to, żeby zawodnik przygotował się psychicznie jak najlepiej na najważniejsze zawody w życiu.

Periodyzacja treningów to dosyć złożony i niezwykle ważny proces w sporcie. Generalnie jednak chodzi o to, żeby zarezerwować odpowiednią ilość czasu w odpowiednim momencie cyklu treningowego. W tych okresach zawodnik wykonuje ćwiczenia o zróżnicowanym poziomie obciążenia. Czasami więc pracuje ciężej, a gdy zbliżają się najważniejsze występy, jego trening jest mniejszy objętościowo, ale za to bardziej dynamiczny.

W tym całym cyklu przygotowań musi się również znaleźć czas na odpoczynek. Forma zawodnika nie rośnie bowiem w trakcie samych ćwiczeń, ale właśnie w czasie, gdy jego organizm się regeneruje i zaczyna przyjmować korzyści z treningu.

Chciałbym, żebyś rozpoczął planowanie swojego nowego grafiku i harmonogram zajęć rozpoczął właśnie od...ODPOCZYNKU.

UZUPEŁNIANIE ZBIORNIKA

Profesjonalni sportowcy wiedzą odpowiednio wcześniej, kiedy odbędzie się duża impreza, dzięki czemu łatwiej im podjąć decyzje podczas planowania całego cyklu treningowego, kiedy będą musieli odpuścić i odpocząć.

Gdy planujesz realizację swoich życiowych planów, wiele z nich nie stanowi jednak jednorazowego wystąpienia. Podobnie jak w sporcie odpoczynek jest równie ważny jak trening, w Twoim życiu odpoczynek jest równie ważny jak praca!

Pamiętasz, jak w pierwszej sekcji porównywałem nasze zdolności decyzyjne i siłę woli do zbiornika, który opróżnia się za każdym razem, gdy podejmujemy nawet najmniejsze decyzje? Planując urlop i odpoczynek, rezerwujesz sobie czas na uzupełnienie tego zbiornika, a być może nawet powiększenie jego pojemności. Ustalenie czasu na odpoczynek pozwoli Ci również ułożyć pozostałe rzeczy w Twoim harmonogramie i określić deadline'y, do których przejdziemy za chwilę.

CZAS NA DZIAŁANIE I PLANOWANIE

Wyobraź sobie, że siedzisz rano przy komputerze ze swoim ulubionym kubkiem z kawą. Masz ten błysk w oku, jesteś gotowy zrobić coś ważnego. Dzisiaj jest ten dzień, gdy napiszesz nowy post na Twojego bloga lub zaczniesz pracować nad projektem, który od jakiegoś czasu odkładałeś na później. Tak. Dzisiaj jest ten dzień!

I nagle po kilku minutach coś zaczyna się dziać. Ktoś wchodzi do Twojego biura, dzwoni telefon, ktoś pisze do Ciebie na Facebooku – Twoja koncentracja nagle odpływa. Od tej pory już cały czas dzieje się coś, co Ci przeszkadza w wykonaniu ważnego zadania. Są to zarówno nieprzewidziane okoliczności, jak i wcześniej zaplanowane spotkania.

Okazuje się, że gdy czas już wyjść do domu, nie ruszyłeś ze swoim ważnym projektem nawet o krok. Straciłeś kolejny dzień! Jeżeli kiedykolwiek doświadczyłeś podobnej sytuacji, chciałbym się z Tobą podzielić genialną strategią stosowaną z powodzeniem przez wiele osób, żeby poprawić produktywność. Strategia polega na utworzeniu w Twoim kalendarzu dni, w których jesteś pracownikiem i skupiasz się na działaniu, oraz konkretnych dni, w których jesteś menedżerem i zajmujesz się planowaniem.

Cały koncept polega na tym, że w wybrane dni tygodnia możesz zajmować się jedynie zadaniami dla menedżera, takimi jak spotkania, telefony, odpowiadanie na maile i inne wiadomości. W inne wybrane dni tylko i wyłącznie działasz: przygotowujesz prezentacje, raporty czy pracujesz nad projektami.

Najważniejszą rzeczą w danym dniu jest jednak nie to, co robisz, ale to, czego nie robisz. Nie planujesz spotkań ani nie odpisujesz na maile w dniu, w którym musisz się skupić na działaniu. Nie obwiniasz się również o to, że nie wykonałeś żadnej kreatywnej pracy w dniu, który jest przeznaczony na planowanie.

Ten przejrzysty podział pozwala Ci na bycie bardziej produktywnymi bardziej efektywnym we wszystkim, co robisz. Eliminujesz w ten sposób konieczność przeskakiwania pomiędzy różnymi zadaniami i minimalizujesz stratę czasu, żeby ponowniesię w nie wdrożyć, gdy coś lub ktoś Ci przeszkodzi. Pracując nad kreatywnym rozwiązaniem problemu, spokojnie możesz poświęcić na ten proces od trzech do czterech godzin. Zastanów się: jak możesz to zrobić, skoro cały czas ktoś Ci przeszkadza? Z drugiej strony nie możesz się również skupić podczas spotkań, ponieważ myślami uciekasz do kreatywnej pracy, którą musisz dokończyć.

CZAS NA NAJWAŻNIEJSZĄ RZECZ

W Twojej mapie myśli podzieliłeś najważniejszą jedną rzecz na mniejsze, łatwiejsze do zrealizowania elementy. Z myślą o planie 10-letnim powinieneś również podjąć decyzję, jaką jedną rzecz w ciągu dnia musisz zrobić, żeby przybliżyła Cię do długofalowego celu. Ta jedna rzecz jest ŚWIĘTA!

Jeżeli wiesz, że właśnie ta jedna czynność lub ten jeden telefon przybliżą Cię do celu – musisz w rozkładzie dnia znaleźć na nie czas. MUSISZ I JUŻ. KROPKA. Cały Twój rozkład dnia musi się kręcić wokół tej najważniejszej rzeczy i wszystkie pozostałe, mniej ważne, mają być do niej dostosowane. Profesjonalny sportowiec w czasie przeznaczonym na trening nie idzie przecież do kina lub do restauracji ze znajomymi, prawda?

Wiedząc, że musisz zrobić tylko jedną ważną rzecz w ciągu dnia, nie czujesz również takiej dużej presji. Wiesz, że z jedną rzeczą spokojnie sobie poradzisz. Nawet jeśli po drodze poświęcisz któryś z mniej ważnych elementów, to i tak będziesz bliżej swojego celu. Mało istotne rzeczy nie powinny wypełniać Twojego kalendarza i rozkładu dnia. Ważna rzecz powinna otrzymać odpowiednio dużo czasu! Być może będzie to godzina, a być może cztery. To jest czas, którego musisz bronić za wszelką cenę.

Ze swojego doświadczenia mogę Ci podpowiedzieć, że najważniejszerzeczy najlepiej robić z rana, gdy nikt jeszcze nawet nie myśli, żeby Ci przeszkodzić. Po południu już bardzo trudno znaleźć w sobie tyle siły, żeby zacząć i dokończyć zadanie. Po powrocie do domu nie będzie Ci się już chciało myśleć na poważne tematy, ponieważ będziesz zmęczony wszystkimi innymi, mniej ważnymi rzeczami. Jeżeli potrzebujesz, zabarykaduj się w swoim biurze! Dzięki temu znacznie poprawisz efektywność. Nie tylko będziesz skuteczny w działaniu, ale także skupisz się narobieniu właściwej rzeczy.

Przygotowując się do wykonywania najważniejszej aktywności danego dnia, zadbaj też o wszystkie szczegóły. Poczuj się jak kucharz przyrządzający posiłek. Wszystkie potrzebne składniki muszą być w zasięgu. Wszystkie potrzebne dokumenty i raporty mają być na swoim miejscu. Ścisz telefon, zamknij maila, a już zdecydowanie zamknij przeglądarkę z otwartymi oknami Facebooka czy innych social mediów. Jeżeli wiesz, że czynność może zająć Cikilka godzin, pomyśl również o jedzeniu. Zrób wszystko, żeby nicnie rozproszyło Cię w tym czasie.

Jeśli nawet wyczerpiesz połowę ze swojego zbiornika woli i zdolności decyzyjnej na najważniejsze zadanie, będziesz wiedział, że ta energia nie poszła na marne.

PRZYKŁADOWY PLAN PRACOWNIKA I MENEDŻERA

Żeby lepiej zrozumieć strategię, wedle której poszczególne dni przypisane są do określonych czynności, spójrz na poniższy przykład.Na tej podstawie stwórz własny rozkład tygodnia i trzymaj sięgo do czasu, aż Ci wejdzie w krew.

Poniedziałek i czwartek to dwa dni, w trakcie których możesz skupić się wyłącznie na pracy kreatywnej. W tym czasie ogranicz do minimum jakiekolwiek interakcje z kolegami lub klientami.

Wtorek i piątek to dwa pełne dni, które możesz poświęcić na spotkania, telefony, odpowiadanie na maile czy publikowanie postów na social mediach. W piątek możesz zaplanować, co będziesz robił w poniedziałek.

Środa – ten dzień pozostaje neutralny i w zależności od potrzeb możesz zarówno planować, jak i działać z projektami.

Sobota i niedziela – w te dni nie pracujesz. Odpoczywasz i nabierasz sił przed kolejnym tygodniem.

Oczywiście musisz dostosować ten grafik do swojej sytuacji życiowej – w niektórych przypadkach możesz nie mieć aż tak dużego pola manewru. Możesz jednak zdecydować, na kiedy planujesz spotkania z klientami lub w które dni zajmiesz się konkretnym projektem. Wprowadź tę strategię do swojego życia na próbę i przekonaj się, czy zadziała na Twoją korzyść. U mnie sprawdziła się świetnie.

Mam dwójkę małych dzieci, które po południu bardzo chętnie się ze mną bawią, i zauważyłem, że gdy wcześniej nie dokończyłem ważnej dla mnie rzeczy, czułem frustrację, trudno było mi się skupić na zabawie. Podświadomie realizowałem swój plan, podczas gdy ten czas był zarezerwowany dla dzieci. Wprowadziłem jednak tę drobną zmianę i skupiłem się na wszystkich ważnych rzeczach z samego rana, a po południu czułem się totalnie zrelaksowany i mogłem się bawić godzinami, czując, że nic ważnego mi nie uciekło.

ZJAWISKO ROZSZERZANIA PRACY

Teraz już rozumiesz, jak ważne jest zarezerwowanie czasu na najważniejszą rzecz i ochronę tego czasu. Wiedząc, że na wykonanie czegoś masz dwie godziny, tworzysz własny deadline, którego będziesz starał się przestrzegać. W sporcie pod pewnymi względami trochę łatwiej nad tym zapanować. Wiesz, że igrzyska olimpijskie czy mistrzostwa świata odbywają się w danym terminie. Do tego czasu musisz być gotowy i prezentować jak najlepszą formę. Z jednej strony jest to łatwiejsze, ale z drugiej – bywa okrutne, ponieważ forma musi przyjść konkretnego dnia. Nikogo nie będzie interesowało, że poprawiłeś rekord życiowy tydzień wcześniej czy tydzień później. Liczy się tylko ten jeden najważniejszy występ. Boleśnie przekonało się o tym wielu zawodników, włącznie z naszymi piłkarzami podczas niedawnych mistrzostw świata w Moskwie.

Najważniejsze w tym wszystkim jest jednak to, że masz konkretną ramę czasową, w której musisz się zmieścić, żeby osiągnąć sukces. W życiu niestety nie jest już tak prosto. W bardzo wielu przypadkach doświadczamy prawa Parkinsona – nasza praca rozciąga się, żeby wypełnić cały czas przeznaczony na jej wykonanie. Jeżeli czujesz, że masz dużo czasu na realizację – wszystko ciągnie się w nieskończoność. Decydujesz się dokładać kolejne detale do projektu i planu, trzykrotnie sprawdzasz wszystko, żeby upewnić się, że jest perfekcyjnie przygotowane. Z drugiej strony nasz mózg jest naprawdę dobry w ustalaniu, co tak naprawdę jest ważne, a co nie. Szczególnie, gdy jesteśmy spóźnieni lub działamy pod presją czasu. Jeżeli jesteś jednym z tych uczniów lub studentów, którzy dzień przed ważnym sprawdzianem opanowali cały materiał, normalnie zabierający kilka tygodni, i zaliczyli egzamin – doświadczyłeś prawa Parkinsona.

Dlaczego nie wykorzystać tego fenomenu na naszą korzyść? Możesz przecież ustalić sztuczne deadline'y, w których określisz, ile czasu poświęcisz na daną czynność. Ile razy zdarzyło Ci się, że pracowałeś nad czymś w biurze i pod koniec dnia nadal niebyło skończone, a gdy wiedziałeś, że musisz wyjść szybciej, wszystko było gotowe w ciągu kilku godzin?

Niestety, w praktyce trudno jest ustalać takie sztuczne deadline'y, ponieważ bardzo łatwo je przesuwać lub najzupełniej w świecie ignorować. Jeżeli wiesz, że możesz coś przełożyć na później – zrobisz to i cała praca się przedłuży. Zadbaj więc, żeby deadline'y były prawdziwe. Zdecyduj, że musisz odpisać na maile przed przerwą na herbatę lub lunchem. Dokończ raport przed wyjściem na spotkanie z klientem, ponieważ ono może się przedłużyć i możesz mieć problem, żeby wrócić do raportu po spotkaniu.

W Twoim życiu jest pewnie mnóstwo rzeczy, których nie możesz przełożyć na później. Może to być odprowadzenie do szkoły i odebranie dzieci, spotkanie z klientem, wyjście do pracy. Właśnie stworzyłeś sobie małe bloki czasowe i możesz przejść dokolejnego ćwiczenia.

SKOK #5

Wybierz zadania, które normalnie zajęłyby Ci dwukrotnie więcej czasu, i zrealizuj je przed zadaniem, którego nie możesz przełożyć. W najgorszym przypadku jakość nie będzie wystarczająca i będziesz musiał wrócić do tego zadania. Nawet wówczas – co pewnie się nie stanie – wzrost produktywności będzie niesamowity. Możesz również zastosować deadline w przypadku sprawdzenia tego samego zadania. Pobaw się z prawem Parkinsona dla zadań, które ciągną się od dłuższego czasu, i zobacz, jakie efekty uzyskasz.

Teraz, gdy znasz już podstawowe czynniki powstrzymujące Cię przed realizacją celów oraz wiesz, jak sobie z nimi poradzić, przejdźmy do kilku technik, które pomogą Ci być jeszcze bardziej efektywnym.

3

SEKCJA

#14

SZTUKA BALANSOWANIA

Żyjemy w czasach, gdy wszystko dzieje się szybciej. Dzięki nieograniczonemu dostępowi do informacji lata spędzone na wertowaniu książek i na uczelniach tracą znaczenie. Wszystkiego można nauczyć się szybciej i efektywniej, korzystając z zasobów i wsparcia Internetu. Niestety, te nieograniczone możliwości i coraz większy pęd bardzo często stają się największymi przeciwnikami produktywności i osiągania celów. Bezustanne zwiększanie szybkości sprawia, że popadamy w ekstrema i tracimy kontrolę. Mimo że robimy wszystko szybciej i robimy tego więcej – efektynie są takie, jak byśmy chcieli.

Analogia do sportu nasuwa się wręcz sama. Teoretycznie w wielu dyscyplinach sukces zależy właśnie od tego, czy zrobimy coś szybciej niż inni zawodnicy. Jeżeli chcesz skoczyć wyżej lub dalej, wystarczy, że pobiegniesz na rozbiegu najszybciej, jak potrafisz, prawda? To samo dotyczy rzutów – wystarczy pobiec szybciej, zakręcić się szybciej w kole i sukces gwarantowany. Gdy grasz w piłkę, musisz tylko gnać z piłką szybciej niż inni i na pewno strzelisz gola.

Niestety, w sporcie to tak nie działa. Dużo ważniejszą rzeczą jest... kontrola. Fakt, że potrafisz kontrolować swoje ruchy przy znacznie wyższych prędkościach, jest o wiele ważniejszy niż sama szybkość. Co z tego, że umiesz szybko biegać, jeżeli Twoja pozycja przed skokiem lub rzutem uniemożliwia osiągnięcie świetnego rezultatu?

Co z tego, że umiesz szybko biegać, skoro piłka na boisku odskakuje Ci bardzo daleko i nie umiesz jej kontrolować?

W poprzednich sekcjach pisałem o równowadze i o tym, dlaczego tak trudno realizować jakiekolwiek cele, jeżeli pragniesz w życiu równowagi. Jak więc finalizować projekty szybciej, a jednocześnienie stracić kontroli?

ĆWICZENIA NA RÓWNOWAŻNI

Patrząc na wyczyny gimnastyków czy baletmistrzów, chyba wszyscy jesteśmy zgodni, że podczas występów poruszają się w sferze ekstremów. Zapierające dech w piersiach ewolucje czy totalna kontrola na swoim ciałem to doskonały przykład, co należy robić, żeby osiągnąć sukces. „Co to takiego?" – zapytasz.
Równoważenie!

Zarówno gimnastyk, jak i baletmistrz mają tę zdolność opanowaną do perfekcji. Doskonale wiedzą, jak kontrować różne części ciała, żeby utrzymać równowagę. To właśnie dlatego w balecie na pierwszy rzut oka wydaje się, że tancerz stoi nieruchomo na palcach, podczas gdy jego stopa tak naprawdę cały czas pracuje i wykonuje niemal niewidoczne ruchy. Gimnastyk podczas ćwiczeń też nieustannie pracuje nad tym, żeby nie stracić równowagi. Ruchy równoważące są jednak umiejętnie wkomponowane w układ, tak że nie da się powiedzieć: „O tak, właśnie teraz mógł stracić równowagę i się przewrócić". Wystarczy jednak, że w którymś momencie zabraknie jednego z tych małych równoważących ruchów, a cały układ się rozsypie.

ŻYCIE NA RÓWNOWAŻNI

W naszym życiu wszystkie wyjątkowe rzeczy dzieją się wtedy, gdy decydujemy się wyjść ze strefy komfortu i przekroczyć swoje granice. Dłuższe pozostawanie w ekstremalnych sytuacjach sprawia, że tracimy równowagę.

W poprzedniej sekcji skupiliśmy się na wybraniu najważniejszej rzeczy, która stanowi motor napędowy do działania. Mimo nadania priorytetów oczywiście życie nie jest jednowymiarowe. Twój cel związany z pracą może teraz jest dla Ciebie najważniejszy, ale nie możesz pozostawić swojego zdrowia czy rodziny samym sobie.

Jak sam widzisz, nawet skupiając się tylko na jednej najważniejszej rzeczy, ryzykujesz, że coś innego będziesz musiał odstawić na boczny tor. Nigdy nie uda Ci się sfinalizować wszystkich planów, a już tym bardziej nie ukończysz wielu zadań naraz.

Równoważeniem w tym przypadku jest przyjęcie do świadomości i zaakceptowanie, że niektóre rzeczy trzeba poświęcić. Koncentrując się na tym, co najistotniejsze, nie powinieneś więc czuć wyrzutów sumienia, że nie dokończyłeś jakichś mniej ważnych rzeczy. To właśnie ten kompromis „Zrobiłem to, co powinienem zrobić, a odpuściłem to wszystko, co mogłem zrobić" jest kluczem do sukcesu.

Gdy chodzi o nasze życie, zdrowie lub rodzinę, musimy być jak gimnastyk lub baletmistrz. W tym przypadku długotrwałe wyprowadzenie z równowagi może się przecież źle skończyć. Pracując ponad siły i biorąc coraz większą liczbę nadgodzin, ryzykujesz nie tylko swoim zdrowiem, ale również pogarszającymi się relacjami z najbliższymi. Za żadne pieniądze nie odkupisz później czasu, który mogłeś poświęcić dzieciom. Nie odkupisz też straconego zdrowia. W tej kwestii najlepiej więc wykonywać prawienie widoczne ruchy, które dają możliwość kontroli.

„Ale przecież sportowcy cały czas przekraczają granice i ryzykują swoim zdrowiem!" Tu w naszej historii pojawia się tajemnicza postać, która ma odpowiedź na Twoje pytanie. To trener!

Gdy zapytam Cię, po co zawodnikom trener, jedną z pierwszych odpowiedzi będzie pewnie „Żeby mogli osiągać świetne rezultaty". To tylko część prawdy. Trener jest potrzebny, żeby zawodnik nie zrobił sobie krzywdy! Gdy spojrzysz na to szerzej, zrozumiesz, że dzieci, które po raz pierwszy przyszły na trening, nie myślą o świetnych rezultatach. Chcą się bawić sportem, a zadaniem trenera jest zapewnienie im bezpieczeństwa podczas wykonywania ćwiczeń.

Gdy jesteś profesjonalnym sportowcem i od Twoich występów zależy Twoja sytuacja finansowa, trenerzy odpowiadają za to, żeby podczas treningów i zawodów... nie stała Ci się krzywda. Przecież jeden poważny uraz może oznaczać w tym przypadku zakończenie kariery i życiowy dramat. Właśnie dlatego zatrudnia się fizjoterapeutów, specjalistów od przygotowania motorycznego, psychologów sportu, a nawet specjalistów od technik relaksacji. Ten zespół ma tylko jedno zadanie – utrzymać Cię w jak najlepszej formie i nie pozwolić, żebyś zrobił sobie krzywdę. Ci ludzie wiedzą, kiedy dokładnie możesz i powinieneś przejść do ekstremum i jak szybko wrócić do poziomu równowagi.

W swoim życiu więc również unikaj sytuacji, gdy Twoje ciało, zdrowie lub relacje z najbliższymi są narażone na ekstremalne sytuacje.

Tutaj nie możesz też powiedzieć sobie: „Odrzucę to, ponieważ jest mniej ważne". To jak żonglowanie kurzymi jajkami – jeden moment nieuwagi i na ziemi zostanie plama wśród rozbitych skorupek, których już nie będziesz w stanie posklejać.

PRACA NA RÓWNOWAŻNI

W życiu zawodowym ta sama żonglerka wydaje się znacznie prostsza. Straciłeś pracę – znajdziesz następną. Nie uda się jakiś projekt? Możesz rozpocząć następny lub wrócić do pracy na etat. Udał się mały projekt, możesz rozpocząć prace nad czymś większym. Tutaj nie żonglujesz jajkami, ryzykując, że się potłuką. Okazuje się, że masz w rękach kauczukowe piłki, które odbijają się od ziemi, gdy je upuścisz. Zamiast plastikowej poprzeczki jest elastyczna guma, która sama wróci na swoją pozycję po nieudanym skoku.

Patrząc na swoje życie zawodowe czy realizację marzeń, musisz nauczyć się jednak odrzucać niektóre rzeczy, które mogą odciągnąć Twoją uwagę od głównego celu. Gdy wiesz, że coś jest dla Ciebie najważniejsze, musisz przeznaczyć na tę rzecz odpowiednio więcej czasu. To jest właśnie Twoje ekstremum, w którym musisz naruszyć zasady równowagi.

Wykorzystując zasady i narzędzia, które pokazałem Ci w poprzedniej sekcji, nadałeś priorytety elementom na swojej mapie myśli oraz liście rzeczy do zrobienia. Te priorytety to właśnie przełamanie zasad równowagi. Coś jest ważniejsze i przeważa nad błahostkami.

ALE CZY SIĘ UDA...

Być może to, co przed chwilą przeczytałeś, będzie oznaczało prawdziwą życiową rewolucję. Dlaczego? Ponieważ to zadziwiające, jak bardzo jesteśmy w stanie przesunąć nasze życie osobiste do ekstremum, podczas gdy kwestie zawodowe stoją w miejscu. Przez wiele lat przyglądałem się temu zjawisku na emigracji, ale jestem pewien, że po przeczytaniu poniższej historii zauważysz tę samą prawidłowość obok siebie.

Dla wielu osób wyjazd do pracy za granicą to szansa na lepsze życie, wyższe zarobki czy szybszą spłatę kredytu. Przed wyjazdem na pytanie, jakiej pracy szukają, odpowiadają niemal zgodnie: „Czegokolwiek na początek, byle się załapać". Emigracja jest dla nich jednak bardzo podobna do otwierania własnego biznesu, towarzyszy jej jedno stwierdzenie przewodnie: „Ale niewiem, czy się uda...". Każdy, kto kiedykolwiek był na emigracji lub nawet o niej myślał, z pewnością się zgodzi, że ta decyzja to jedno z największych ekstremów i jedna z najtrudniejszych decyzji, jakie musiał podjąć.

W podobnej sytuacji była Milena, która nie tylko nie widziała dla siebie przyszłości w kraju, ale dodatkowo musiała pożyczać pieniądze na wyjazd. Teraz, gdy po latach wspomina przygotowania do podróży i analizuje całą sytuację, konstatuje, że to jedno zawodowe wyjście do ekstremum zmieniło bardzo wiele w jej życiu.

– Mogę sobie pozwolić na wszystko, spłaciłam długi i nie martwię się o pieniądze – przyznaje. – Jedyne, czego mi brakuje, to czasu, żeby z tego wszystkiego skorzystać.

Brzmi znajomo?

Po przyjeździe do Irlandii Milena złapała się „czegokolwiek na początek" i… tak już zostało. Trafiła do firmy pakującej ryby w chłodni. Warunki pracy nie są tam sprzyjające zdrowiu. Do tegos zefostwo oferuje możliwość nadgodzin… za które nie płaci wyższej stawki. „Ale przecież żadna firma nie płaci więcej za nadgodziny"– powiedziała podczas naszej rozmowy. Nie trzeba być emigrantem, żeby wiedzieć, jak bardzo minęła się z prawdą. Niestety, tkwiła w takiej sytuacji przez wiele lat, pracując po 12–14 godzin dziennie. Na linii produkcyjnej tempo narzucały pracowniczki blokuw schodniego, więc oprócz tego, że czas pracy był długi, wysoka stawała się również jej intensywność.

Chłodnia, ogromna liczba nadgodzin i wysokie tempo w stresujących warunkach. Nie będę wchodził w szczegóły medyczne, ale wpływ powyższych na zdrowie i ciało możesz ocenić sam. „Co miała zrobić? Przecież musi coś jeść i utrzymać rodzinę" – powiesz. Pewnie masz rację, ale gdybyś wiedział, że Milena ma wyższe wykształcenie i spokojnie mogłaby pracować w zupełnie innym miejscu, w dużo lepszych warunkach, nie tylko sanitarnych, ale i finansowych, pewnie zmieniłbyś punkt widzenia.

PUŁAPKA TYMCZASOWOŚCI

Opisana wyżej historia jest niestety jedną z wielu. Mnóstwo osób wybierających się do pracy za granicą zaczyna od „byleczego na początek" i zostaje tam przez wiele lat, znajdując swoją nową strefę komfortu.

Podobnie jak z projektami odkładanymi na wieczne później, wielu emigrantów latami pozostaje w pracy „na chwilę", nie zwracając uwagi na konsekwencje zdrowotne swojego wyboru. Wystarczyła byjedna chwila odwagi, żeby zmienić stanowisko nalepsze. Niestety, im dłużej nad tym myślą, tym więcej pojawia się argumentów za pozostaniem w tym samym miejscu. Zdziwiłbyś się, ilu emigrantów narzeka na swoje miejsce pracy i pracodawców, nawet jeżeli zarabiają o wiele więcej niż w Polsce. Wiedzą, że jedną rzeczą, którą powinni zrobić, jest zmiana pracy. Niestety, nie robią tego i ryzykują utratą zdrowia oraz zaniedbaniem kontaktów z bliskimi.

Jeżeli pracując ponad siły, stracisz zdrowie, pracodawca nie da Ci orderu – zastąpi Cię nowym, sprawnym pracownikiem!

BALANS PRACA – ŻYCIE

Ze wszystkich opisanych sytuacji wyłania się jeden wniosek. W życiu osobistym lepiej skupić się na zachowaniu równowagi utrzymać pod kontrolą wszystkie wyskoki w ekstrema. Dużo lepiej iść na całość w kwestiach zawodowych, co jakiś czas podejmować ryzykowne decyzje i doprowadzać sprawy do końca.

Tu warto wrócić do postaci, która stoi za sukcesami wszystkich sportowców – trenera/specjalisty w danej dziedzinie. W biznesie również masz styczność z tym zjawiskiem na co dzień. Każda firma składa się przecież ze specjalistów w jakiejś dziedzinie. Dyrektor, którego zadaniem jest zarządzanie ludźmi i kierowaniefirmy w odpowiednim kierunku, nie musi być specjalistą od księgowości czy marketingu.

Zatrudnia pracowników, którzy będą się tym zajmowali, lub wynajmuje zewnętrzną firmę, która wykona jednorazowe zadanie, bez ponoszenia całorocznych kosztów utrzymania pracownika.

Jeżeli jesteś księgowym, możesz oczywiście nauczyć się marketingu – i odwrotnie: jeżeli jesteś specjalistą od marketingu, możesz zostać księgowym. To będzie wiązało się jednak ze stratą czasu poświęconego na naukę i zdobycie doświadczenia. Dodatkowo wyniki Twojej pracy w sytuacji, gdy nie jest to Twoja domena, będą dużo gorsze, zanim dojdziesz do wprawy.

Tu docieramy do bardzo ważnego aspektu produktywności.

#15

NIEKTÓRE RZECZYNIE SĄ WARTE TWOJEGO CZASU

Wśród codziennych obowiązków istnieje wiele zadań, które nie są warte naszego czasu. Dla mnie na przykład każdorazowe samodzielne opłacanie rachunków lub przelewanie stałej kwoty na konto oszczędnościowe to strata czasu. Oczywiście nie wiem, jak bardzo wartościowy jest dla Ciebie czas i ile go masz. Wiem natomiast, że istnieje wiele zadań, których nienawidzimy robić lub w których po prostu jesteśmy słabi.

Dla przykładu przyjrzyjmy się prasowaniu koszul, które zajmuje dużo czasu. Nie oszukujmy się, większości mężczyzn cały ten proces wychodzi, łagodnie rzecz ujmując, słabo – dodatko wocierpią przez całą czynność. Wiele kobiet, patrząc na swojego partnera operującego tym wynalazkiem NASA, mówi w końcu: „Daj to, człowieku, bo z koszuli zrobisz zaraz łabędzia origami". Być może jesteś w tej grupie, która mogłaby chcieć nauczyć się prasować i poświęcić trzy–cztery godziny tygodniowo na pranie, prasowanie i układanie swoich koszul. Może się jednak okazać, że cały ten wysiłek nie jest wart ani poświęconego czasu, ani oszczędzonych pieniędzy. Przecież w tym czasie mógłbyś pracować nad swoim projektem albo stawiać kolejne kroki do realizacji marzeń. Ty jednak akurat… musisz prasować koszule.

TEST SZKLANYCH PACIORKÓW

Przyjrzyjmy się całej sytuacji przy założeniu, że walutą, w której zarabiasz, są szklane paciorki. Bez względu na kraj czy okoliczności będziesz mógł łatwiej przełożyć zjawisko na swoje realia.

Za każdą godzinę spędzoną w pracy otrzymujesz 20 szklanych paciorków. To nie jest może jakaś prestiżowa praca, ale wynagrodzenie jest sprawiedliwe i adekwatne do tego, czym się zajmujesz. Niestety, pomiędzy wszystkimi obowiązkami w firmie oraz spotkaniami z przyjaciółmi lub wyjazdami z rodziną nie masz czasu posprzątać swojego mieszkania. Możesz wynająć do tego zadania firmę lub osobę, która zrobi to za 15 szklanych paciorków za godzinę i będzie potrzebowała na to dwóch godzin. Ta osoba zajmuje się tym na co dzień i robi to bardzo sprawnie. Gdybyś postanowił zająć się tym sam, zabrałoby Ci to więcej czasu, ponieważ nie masz takiej wprawy. Kosztowałoby Cię to spokojnie trzy godziny.

Twój koszt okazji wysprzątania mieszkania wynosi więc 3 × 20 paciorków, czyli w sumie 60 szklanych paciorków. Jeśli wynajmiesz specjalistów, możesz mieć to samo zadanie wykonane za 2 × 15 paciorków, czyli 30 szklanych paciorków. Nawet gdybyś był równie sprawny i szybki jak wynajęci specjaliści i wyrobił się w dwie godziny, nadal jesteś 10 paciorków do tyłu. Twój koszt wyniesie 40 paciorków w stosunku do 30, przeznaczonych dla osoby lub firmy, która się tym zajmie dla Ciebie. Zarabiasz więc 10 szklanych paciorków, jeżeli wynajmiesz kogoś do posprzątania mieszkania.

Oczywiście nie pracujesz przez 24 godziny na dobę, więc ten koszt okazji jest tylko w naszych wyobrażeniach.

Zadaj sobie jednak bardzo ważne pytanie: ile są warte dla Ciebie dodatkowe dwie godziny przeznaczone dla rodziny lub przyjaciół, na wyjście do siłowni lub na odpoczynek? Czy to wszystko jest warte tych 30 wydanych szklanych paciorków?

Planując remont w mieszkaniu, możesz oczywiście poświęcić dużo czasu na wyszukanie odpowiedniej aranżacji i dobranie wszystkich elementów, żeby się dobrze ze sobą skomponowały. Może się jednak okazać, że nie masz aż takiego wyczucia, żeby podołać temu zadaniu. Możesz więc skorzystać z porady specjalisty, który oszczędzi Ci dni lub tygodni poświęconych na poszukiwania, i w ciągu tygodnia mieć nawet kilka gotowych wersji aranżacji, włącznie z adresami sklepów, w których można kupić poszczególne elementy.

Idąc dalej tą ścieżką – architekt, który będzie Ci przygotowywał aranżację, zna się świetnie na swojej pracy i zależy mu, żeby jak najwięcej osób dowiedziało się o tym, jak wspaniałe projekty przygotowuje. Może oczywiście sam zacząć zgłębiać tajniki marketingu i spędzać czas na zabieganiu o posłuch w mediach, zamiast pracować nad kolejnymi projektami, które przynoszą mu zyski. Zamiast tego jednak może wynająć osobę lub firmę, która specjalizuje się w marketingu i promowaniu biznesów.

Rozumiesz, do czego zmierzam? Jeżeli jesteś specjalistą w jakimś obszarze, musisz zrozumieć, że są ludzie w innych dziedzinach tak samo skuteczni, jak Ty jesteś skuteczny w swojej pracy. Wynajmij ich!

Pisząc tę książkę, wiedziałem, że będę potrzebował nowej strony internetowej, na której będę zarówno promował książkę, jak i publikował kolejne wpisy. Mogłem przygotować tę witrynę sam, ponieważ wiem, jak to zrobić. Zdecydowałem jednak, żew tym przypadku skorzystam z outsourcingu i zlecę wykonanie strony komuś innemu. Wiedziałem, że moim priorytetem w tym momencie było pisanie, a nie spędzanie czasu nad designer czy wielkością czcionek. Dzięki temu zyskałem dużo więcej, niż mogłoby się wydawać. Pierwszy projekt strony był gotowy w ciągu dwóch tygodni. Oczywiście pracę usprawniły konkretne wytyczne i dobra komunikacja z wykonawcą. Zyskałem więc wiele dni na spokojne pisanie. Gdybym sam zajął się projektem, zapewne zajęłoby mi to więcej czasu. Dodatkowo projektant sam zaproponował kilka rozwiązań, które znacznie poprawią nie tylko atrakcyjność strony, ale też jej późniejszą obsługę. Współdziałało się nam tak dobrze, że ten kontakt przerodził się w dłuższą współpracę – razem realizujemy kolejne marketingowe projekty.

PRAKTYCZNOŚĆ CZY SNOBIZM?

Patrząc na przykład ze sprzątaniem mieszkania, możesz oczywiście powiedzieć, że to przejaw snobizmu, żeby wynajmować kogoś innego do sprzątania naszego mieszkania. Tak naprawdę to wcale nie jest snobistyczne – już korzystasz z podobnych usług, idąc codziennie w pracy na lunch do lokalnej restauracji lub baru z kanapkami zamiast spędzać ten czas na gotowaniu w domu.

Wracając do prasowania. Mogę z ręką na sercu powiedzieć, że ta czynność nie jest dobrym wykorzystaniem mojego czasu. Jestem w tym przypadku zbyt wolny i nie robię dobrej roboty. W ofercie lokalnego punktu znalazłem pranie, prasowanie i składanie koszul, gdzie za pięć koszul trzeba zapłacić jedynie 10 euro. Dla porównania najniższa stawka godzinowa w Irlandii w momencie pisania tej książki wynosi 9,50 euro za godzinę pracy. Za 10 euro mogę więc uwolnić się od katuszy związanych nie tylko z prasowaniem, ale również z praniem i składaniem koszul.

Jeśli Twoja stawka godzinowa jest wyższa od minimalnej, może się okazać, że w zamian za opłatę równą na przykład pół godziny Twojej pracy zyskujesz nawet kilka godzin, które możeszprzeznaczyć na bardziej produktywne działania. Jeżeli lubisz podobne zajęcia, działają na Ciebie terapeutycznie i relaksująco – nie rezygnuj z nich. Jeśli jednak ogromnie się przy nich męczysz i nie wykonujesz dobrej roboty – wynajmij kogoś, kto zrobi to dobrze i oszczędzi Ci mnóstwo czasu.

Nie czuj się źle, mówiąc „nie" rzeczom, które nie są dobrym wykorzystaniem Twojego czasu lub energii.

#16

ODZYSKIWANIE SKRAWKÓW STRACONEGO CZASU

Recykling średnio nam się kojarzy z poprawą produktywności. A co, jeżeli powiem Ci, że istnieje sposób na odzyskanie części straconego czasu?

Każdy z nas ma momenty, w których czuje, że traci czas. Być może czekasz na autobus, który się spóźnia, siedzisz w taksówce lub przyjechałeś zbyt wcześnie na jakieś spotkanie i nie bardzo wiesz, jak wypełnić tę lukę. To właśnie te skrawki czasu najczęściej wykorzystujemy na nieproduktywne zajęcia – sprawdzenie social mediów na telefonie czy czytanie informacji, które nie mają dla nas żadnego znaczenia. Gdy spojrzysz na swój grafik, może się okazać, że w ciągu dnia takich skrawków może być tyle, że w sumie dadzą Ci nawet kilka godzin, które możesz częściowo odzyskać.

Recykling straconego czasu jest możliwy. Wymaga jednak odrobinę planowania i przygotowania.

Gdy mamy 5–10 minut na zrobienie czegoś, trudno nam podjąć decyzję, czym w danej chwili powinniśmy się zająć. W takiej sytuacji wybieramy zazwyczaj to, co proste i wygodne. Wszyscy mamy jednak do zrobienia te małe rzeczy, które idą w kąt, gdy pojawiają się te z wyższym priorytetem.

Wiele z nich można wykonać właśnie w ciągu tych 5 lub 10 minut.

Najważniejsze w tym przypadku jest wyłączenie myślenia i automatyczne przejście do zadania, gdy tylko trafi się okazja. Aby to się udało, musisz wcześniej przygotować sobie listę małych zadań, które będziesz mógł zrealizować w maksymalnie 10 minut. Możesz w tymczasie przecież zadzwonić do kogoś z rodziny lub przyjaciela, z którym już jakiś czas nie rozmawiałeś. Możesz porozciągać mięśnie i nawet w taki sposób pracować nad swoją gibkością. Możesz również podzielić jakąś ważniejszą czynność na małe części, tak żebyś każdą z nich mógł ukończyć w maksymalnie 10 minut. Możesz przecież obejrzeć wystąpienie swojego ulubionego mówcy lub zaliczyć kolejny odcinek kursu online, w którym kolejne odcinki mają właśnie od jednej do pięciu minut. Dodatkowo można je oglądać na telefonie, który zawsze masz przy sobie.

W ten sposób zrealizujesz te małe, ciągnące się za Tobą rzeczy, na które nigdy nie możesz znaleźć czasu. Jeśli przygotujesz swoją listę wcześniej, nie stracisz też czasu na podejmowanie decyzji w danej chwili. Wiesz, jaki masz kolejny punkt na liście, i skupiasz się tylko na nim. To wręcz darmowa produktywność odzyskana z czasu, który spędza się zazwyczaj na bezsensownych czynnościach tylko po to, żeby zapełnić lukę, oczekując nacoś innego.

#RECYKLINGCZASU

Spróbuj tej techniki i podziel się swoimi pomysłami na odzyskiwanie skrawków straconego czasu na naszej grupie na Facebooku. Wrzuć swoją listę zadań, które można wykonać w 5–10 minut, i koniecznie dodaj #RecyklingCzasu. Dzięki temu inni użytkownicy będą mogli skorzystać z tej wiedzy i wkomponować te proste rozwiązania także do swoich przerw.

Napisz również, ile czasu udało Ci się zaoszczędzić dzięki tej technice oraz ile projektów przesunęło się o kilka kroków do przodu.

WYCIĄGAMY PROJEKTY Z SZUFLADY

#RecyklingCzasu może być świetnym sposobem na wyciąganie projektów z szuflady.

W jednym z wcześniejszych rozdziałów opisałem kilka scenariuszy, w których nasze projekty wpadają do szuflady i są odkładanena wieczne później.

Czasami masz wiele dobrych pomysłów, ale nie masz czasu się nimi wszystkimi zająć. W innym przypadku każdy nowy projekt to dla Ciebie wyjście ewakuacyjne, gdy poprzedni wymaga od Ciebie większego zaangażowania – wtedy przeskakujesz doczegoś nowego, gdzie rezultaty widać szybciej. W takiej sytuacji przede wszystkim powinieneś przestać myśleć o swoich pozostałych projektach jak o wyjściu ewakuacyjnym. Mentalnie powinieneśje traktować jako oddzielne projekty i chcieć je zrealizowaćrównie mocno.

Skupiając się na jednej rzeczy w danej chwili, nie możesz przecież odrzucić wszystkiego, co pojawi się w międzyczasie. Ważne jest również, żebyś dokładnie zapisywał swoje pomysły – jeżeli któryś wrzucisz do szuflady, powinna się przy nim znajdować notatka, dlaczego tam trafił. Za jakiś czas, gdy zechcesz do niego wrócić, będziesz dokładnie wiedział, co Cię wtedy zatrzymało. Dzieląc zadanie na mniejsze, 10-minutowe części, będziesz mógł również ruszyć do przodu i sprawdzić, czy projekt rzeczywiście jest wart Twojego czasu.

NEGATYW TO TEŻ POZYTYW

Obawa przed porażką to jedna z głównych przyczyn, dla których projekty są odkładane na później. Nie muszę Ci chyba tłumaczyć, że przyznanie się do porażki nie jest najłatwiejsze. Część projektów może być w zawieszaniu właśnie dlatego, że wiesz, że mogą skończyć się niepowodzeniem. Nie chcesz się do tego przyznać sam przed sobą i trzymasz je w zawieszeniu, opowiadając sobie i innym, że nad nimi pracujesz i są „w toku". Jak bardzo byś się zapierał, takie niedokończone projekty wciąż wypełniają Twoje myśli i burzą spokój.

W takiej sytuacji zaakceptowanie, że poprzeczka spadła, jest najlepszą rzeczą, jaka może Ci się przydarzyć. Tak jak wspominałem przy moim projekcie o analizie strąceń w skoku wzwyż, na podstawie niepowodzenia można bardzo skutecznie ocenić, czego zabrakło i co należy poprawić, żeby odnieść sukces.

Jeżeli jesteś sprzedawcą i na 12 wykonanych telefonów otrzymałeś 11 odpowiedzi odmownych i tylko 1 pozytywną, to nadal osiągnąłeś SUKCES – ponieważ WIESZ, gdzie i dlaczego akcja zakończyła się sukcesem, i prawdopodobnie możesz wykorzystać tę wiedzę w pozostałych przypadkach. Nawet, gdy jest to stanowcze „nie" ze strony klienta, WIESZ, że nie musisz zaprzątać sobie głowy myśleniem „co by było, gdyby…".

Przy tej okazji powtórzę: projekty biznesowe dokończone tylko w połowie to nie to samo co zjedzony do połowy posiłek. Gdy zjesz pół posiłku, masz żołądek w połowie pełny. Z niedokończonego pomysłu na biznes niestety nie masz absolutnie nic. Wiedza, że z Twoich planów na pewno nic nie wyjdzie, oszczędzi Ci więc mnóstwo czasu, w którym mógłbyś zająć się czymś innym, bardziej produktywnym. Wykorzystując do tego celu #RecyklingCzasu oraz ustalając własne deadline'y, możesz działać jeszcze bardziej efektywnie.

#17

„POMIDOR" I GRAMY DALEJ

Sportowcy wiedzą doskonale, że podczas treningów odpoczynek między seriami ma ogromne znaczenie. Regeneracja jest potrzebna nie tylko po zakończeniu treningu, ale również w trakcie ćwiczenia, żeby kolejne powtórzenia także były wykonywane z należytą dokładnością. Możesz to zauważyć zarówno na siłowni, jak i na bieżni, gdzie trener lub zawodnik niemal co do sekundy odlicza czas odpoczynku między kolejnymi próbami lub odcinkami biegowymi. To nic innego jak wyznaczanie sobie deadline'u i informowanie swojego mózgu, że po upływie czasu przyjdzie pora na ponowne działanie.

Bardzo podobna metoda jest z powodzeniem stosowana w innych aspektach życia. W latach 80. student Francesco Cirillo wynalazł mały hack, który pozwolił mu stawać się coraz bardziej efektywnym. Odkrył, że pracując w 25-minutowych blokach z krótkimi przerwami pomiędzy nimi, był bardziej efektywny, aniżeli gdy pracował przez 2–3 godziny i przeszkadzano mu w tym czasie. Nazwał tę technikę techniką pomodoro, ponieważ doswoich eksperymentów używał kuchennego minutnika w kształcie pomidora.

To wpasowuje się świetnie we wszystko, o czym do tej pory mówiliśmy na temat deadline'ów. Okres 25 minut oczywiście nie jest tu kluczowy. Gdy jesteś w swojej strefie, czyli, jak określają to sportowcy, *in the zone*, powinieneś pomijać przerwy.

O tym stanie napiszę więcej za chwilę.

Teraz jednak zapamiętaj, że planowanie przerw jest bardzo ważne do ustalenia struktury pracy. Podobnie jak przygotowania do realizacji planów zaczynaliśmy od planowania odpoczynku. Ta technika pomaga nam ustalać sztuczne deadline'y, ponieważ wiemy, że po wyznaczonym przez nas czasie będziemy musieli zrobić przerwę. Niezależnie, czy to będzie 25 minut, czy godzina, musisz zrobić przerwę i nie chciałbyś być złapany w połowie niedokończonego zadania. Ponieważ minutnik będzie dzwonił po określonym czasie, w tym przypadku rośnie również waga Twoich przygotowań do działania.

Ustalając określony przedział czasowy, musisz podzielić większe zadanie na mniejsze fragmenty. To z kolei wymaga ustalenia, ile czasu zajmie każda z tych małych części. Przy minimalnej dawce planowania i mikroanalizy nastawiamy się mentalnie na sukces i efektywne działanie. Zaplanowana przerwa ma dużo większe znaczenie niż przypadkowe przerywanie pracy.

Zapewne spotkałeś się z tą sytuacją nieraz, gdy próbowałeś rozwiązać jakieś skomplikowane zadanie lub rozgryźć problem. Nie szło Ci, więc zrobiłeś sobie przerwę, a po powrocie do zadania rozwiązałeś je bez problemu. To ważne, żeby podczas realizacji zadania odświeżyć umysł i spojrzeć na temat z innej perspektywy. Nasz mózg wykonuje również wiele pracy w podświadomości. Nawet gdy fizycznie nie jesteśmy zaangażowani w zadanie, mózg nadal pracuje nad rozwiązaniem. To właśnie dlatego najlepsze pomysły rodzą się często pod prysznicem lub podczas biegania.

Ta sama technika może zostać wykorzystana z powodzeniem do nauki nowych rzeczy. Przerwa nie tylko pozwala nam się zrelaksować i odświeżyć myśli – nasz mózg w tym czasie nieustannie procesuje i przyswaja informacje. Dlatego podczas czytania książki warto zrobić 1–2 sekundy przerwy pomiędzy stronami oraz 15–60 sekund przerwy między rozdziałami. Możesz nawet zamknąć książkę i pomyśleć przez chwilę nad tym, czego się właśnie nauczyłeś.

Eksperymentuj z różnymi przedziałami czasowymi i przerwami, żeby znaleźć konfigurację, która działa dla Ciebie najlepiej. Jest tylko jeden moment, kiedy możesz sobie odpuścić przerwy.

#18

PRODUKTYWNOŚĆ NA FALI

Patrząc na niektórych sportowców, przecierasz oczy ze zdumienia i jesteś pod wielkim wrażeniem, gdy osiągają świetne rezultaty praktycznie bez żadnego wysiłku. Może to koszykarz, który znalazł swoją magiczną klepkę i za każdym rzutem trafia do kosza, bez względu na to, kto usiłuje mu przeszkodzić. To moment, w którym coś się przełącza w głowie sportowca.

Ten stan opisywał między innymi brytyjski oszczepnik Steve Backley, który w 1991 roku wygrywał praktycznie wszystkie zawody, a podczas mistrzostw świata nie zakwalifikował się nawet do finału. Analizując podczas jednego z wywiadów przyczyny porażki, powiedział, że nie mógł wczuć się w rytm. Kilka tygodni później, gdy wystartował na innych zawodach z tymi samymi zawodnikami, nie dał rywalom szans. Jak sam podkreślał, znajdował się w odmiennym stanie świadomości, w którym jego mózg robił swoje, a ciało podążało za nim.

Podobnych historii jest wiele, a sami zawodnicy mogą to samo zjawisko opisywać zupełnie inaczej. Sprinterzy mogą na przykład widzieć tunel i skupić się tylko na biegu, nie zwracając uwagi na przeciwników.

ZAPANUJ NAD SWOIM SKUPIENIEM

Jak już wielokrotnie podkreślałem, czas to nasze najcenniejsze aktywo. Jednak czas bez skupienia uwagi pozostaje bezwartościowy. Właśnie dlatego tak ważne jest, żebyśmy sami zrozumieli, kiedy jesteśmy skupieni, a kiedy nie, i wykorzystali tę wiedzę.

Najwyższą formą skupienia jest stan flow. Twórcą koncepcji flow jest Węgier, Mihály Csíkszentmihályi. Według niego flow to stan umysłu, kiedy ludzie są całkowicie skupieni podczas zadania, które wykonują dla czystej przyjemności. Flow często odczuwany jest podczas takich zajęć jak wspinaczka górska, żeglarstwo, gry sportowe, tworzenie muzyki, joga czy medytacja. Chodzi o totalne zaangażowanie w to, co robimy.

Jeżeli wrócimy do zasady Pareta, zobaczymy, że 80% wartościowej pracy jest robiona w zaledwie 20% czasu. W stanie flow jesteś superskupiony, a więc wszystkie rzeczy wykonujesz jeszcze bardziej produktywnie.

Flow charakteryzuje się również brakiem samoświadomości, utratą poczucia czasu oraz całkowitą wolnością od strachu i lęku. Liczy się tylko to, co robisz i co daje Ci ogromną satysfakcję i radość. Dla sportowców bywa on synonimem szczytowej formy.

JAK OSIĄGNĄĆ STAN FLOW?

Skoro flow to najlepszy stan, w jakim możesz realizować swoje plany i marzenia, musisz zrozumieć, jak wejść do swojej strefy.

Mihály Csíkszentmihályi, analizując to zagadnienie, wyróżnił dziewięć niezbędnych składników flow.

1. Każdy etap działania uwzględnia wyraźne cele do zrealizowania. Jeden krok przechodzi płynnie w następny. Wygląda to tak, jakby wszystko było wcześniej zaplanowane. Masz uczucie pewności, co w danej chwili powinno być zrobione.
2. Częste pojawianie się informacji zwrotnej nie zaburza rytmu pracy. Wszystkie informacje przyjmowane są bez zbytniego przetwarzania czy interpretacji. Zawsze wiesz, co powinieneś zrobić w danym momencie.
3. Zadanie, choć ambitne, wydaje się idealnie dopasowane do poziomu umiejętności. Mimo wysokich wymagań masz poczucie kontrolowania sytuacji.
4. Następuje całkowite skoncentrowanie na danej czynności. Nic nie jest w stanie odwrócić Twojej uwagi, a utrzymanie koncentracji jest dla Ciebie jak oddychanie.
5. Wszystkie czynniki rozpraszające są poza Tobą. Skupiasz się jedynie na tych elementach rzeczywistości, które są niezbędne do wykonania zadania.
6. Podczas odczuwania stanu flow nie pojawia się obawa przed porażką. Skupienie jest tak duże, że nie zastanawiasz się nad pozytywnymi ani negatywnymi konsekwencjami swojego działania.

7. W tym stanie traci się samoświadomość i totalnie stapia się z wykonywanym zadaniem. To właśnie dlatego po fakcie tak wielu zawodników nie umie odpowiedzieć, jak osiągnęli tak wyjątkowe rezultaty.
8. Następuje zaburzenie poczucia czasu. Jesteś tak bardzo zaangażowany w daną czynność, że nawet nie zwracasz uwagi, że minęło już kilka godzin. Wydawało Ci się, że spędziłeś nad zadaniem może kilka minut.
9. Działanie staje się celem samym w sobie. Wynik pozytywny lub negatywny schodzi na dalszy plan.

Każdy z nas odczuwa stan flow w inny sposób. Sportowcy po udanym konkursie starają się znaleźć tę zależność przyczynowo-skutkową i połączyć wszystkie elementy, które złożyły się na rekordowy wynik. Każdy z nich ma własne odczucia co do danego wydarzenia i przy okazji kolejnych zawodów stara się dokładnie odtworzyć tę rzeczywistość i ponownie znaleźć się w swojej strefie, w której czas płynie wolniej.

ZADANIE MUSI BYĆ AMBITNE

Musisz zapamiętać, że stan flow możesz uzyskać tylko w określonej zależności poziomu wyzwania względem poziomu swoich umiejętności. Csíkszentmihályi twierdzi, że jest to możliwe, jeżeli połączymy wysoki w naszej ocenie poziom wyzwania z wysokim poziomem naszych umiejętności. Gdy przyjrzysz się poniższemu wykresowi, lepiej zrozumiesz tę zależność.

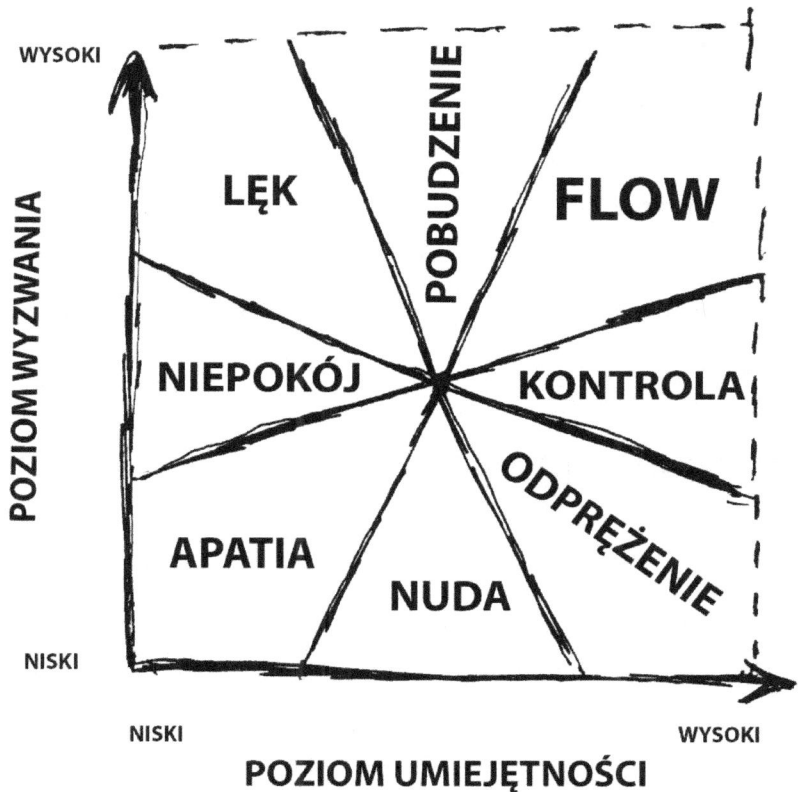

Jeśli jesteś światowej klasy zawodnikiem i toczysz pojedynek z amatorem, trudno Ci złapać flow, ponieważ nie musisz zbytnio się wysilać, żeby wygrać. Gdy jako początkujący z niskimi umiejętnościami stajesz do rywalizacji z zawodowcami, czujesz lęk i niepokój. Czujesz, że Twoje umiejętności nie są na tyle wysokie, żeby sprostać zbyt wymagającemu zadaniu.

Jeżeli Twoje umiejętności są niskie i stawiasz sobie mało wymagają cecele, pojawiają się nuda i apatia. Zadajesz sobie pytanie, po co w ogóle zabierać się do czegoś, skoro to nie stanowi żadnego wyzwania, tym bardziej że nie umiesz tego robić. Dopiero gdy stajesz przed dużym wyzwaniem, które w Twoim mniemaniu jest na poziomie Twoich umiejętności, zaczynasz skupiać się totalnie na zadaniu. Gdy wiesz, że medal jest w Twoim zasięgu i dzieli Cię od niego zaledwie kilka centymetrów, totalnie zmieniasz nastawienie. Walcząc o wejście do finału mistrzostw świata, nie myślisz o zmęczeniu, tylko walczysz do samego końca, żeby zapewnić sobie to miejsce, ponieważ wiesz, że grasz w lepszej drużynie.

ODTWÓRZ SWÓJ FLOW

Stan flow nie jest zarezerwowany dla sportu. Możesz godoświadczyć, grając na ulubionym instrumencie, słuchając koncertu ulubionego wykonawcy czy nawet jedząc ulubioną potrawę.

Pomyśl przez chwilę i przypomnij sobie, czy kiedykolwiek doświadczyłeś podobnej sytuacji. Postaraj sobie przypomnieć jak najwięcej szczegółów z tego wydarzenia. Co wtedy czułeś i jak zachowywało się Twoje ciało? Przypomnij sobie wszystkie dźwięki, które wtedy słyszałeś, lub zapachy, które czułeś.

Im dokładniejszy będzie ten opis, tym lepiej. Badania wykazały, że przywoływanie z pamięci różnych aspektów z naszej listy flow wzmacnia to doświadczenie. Być może słuchałeś wówczas konkretnej piosenki, która od teraz będzie Ci już zawsze towarzyszyła w ważnych momentach. Dokładny opis potrzebny jest również do innej ważnej rzeczy – stworzenia wyobrażenia własnego flow.

Dzięki temu będziesz wiedział, do czego musisz dążyć, żeby ponownie poczuć się w ten sposób i działać równie produktywnie.

ROZGRZEWKA MENTALNA I GRZAŁKA

Mówiąc o flow i dokładnej analizie czynników wpływających na uzyskanie tego stanu, naturalnie przeszliśmy do bardzo istotnych rzeczy w sporcie – przygotowania mentalnego oraz rozgrzewki mentalnej.

Sytuacji, gdy zawodnicy rozgrzewają się przed zawodami, tłumaczyć nie trzeba. Oczywiście robią to, żeby przygotować się do tego, co ma się wydarzyć niedługo, do rywalizacji, w której organizm ma być na najwyższym poziomie efektywności. Drugim istotnym aspektem jest zminimalizowanie ryzyka wystąpienia kontuzji podczas zarówno treningu, jak i samej rywalizacji.

Podobne korzyści daje rozgrzewka mentalna. W sportach indywidualnych liczy się, żebyś był gotowy dać z siebie wszystko od samego początku rywalizacji. Bujanie w obłokach, gdy za chwilę musisz oddać swój najważniejszy skok, nie jest najlepszym pomysłem. Szczególnie , gdy stawka jest wysoka, bo na szali stoi wejście do finału igrzysk olimpijskich.

W przypadku skoczków wzwyż wagę przygotowania mentalnego widać najwyraźniej. Gdy przyjrzysz się niektórym zawodnikom i zawodniczkom, zauważysz, że przed skokiem zamykają oczy lub patrzą przed siebie jak przez mgłę. Widzisz jednak wyraźnie, że ich ciało porusza się tak, jakby właśnie biegli porozbiegu, wchodzili w łuk, ustawiali się do odbicia i pokonywali z powodzeniem poprzeczkę.

Właśnie odbyli w swojej głowie całą drogę i zobaczyli swój idealny skok. Teraz mogą ruszyć do swojej próby w rzeczywistości. Jeżeli nie uda Ci się przeskoczyć poprzeczki w Twojej własnej głowie, będzie Ci bardzo trudno zrobić to w rzeczywistości.

Przygotowanie mentalne jest bardzo ważne także w sportach zespołowych. Wystarczy, że jeden członek drużyny nie jest przygotowany i nastawiony tak samo jak inni, a jego dyspozycja może wpłynąć negatywnie na cały zespół. Brak formy może oczywiście odbić się na wyniku sportowym, ale nastawienie mentalne lub lekceważenie przeciwnika może również doprowadzić do nerwowej sytuacji wewnątrz całej drużyny.

IM WIĘCEJ SZCZEGÓŁÓW, TYM LEPIEJ

Przygotowując się do rozgrzewki mentalnej lub ćwiczeń mentalnych, podobnie jak w przypadku flow, powinniśmy skupić się na zebraniu jak największej liczby szczegółów dotyczących tego, co będziemy robić. Nie chodzi więc tylko o to, żeby zobaczyć prawidłowo wykonane zadanie. Trzeba również je poczuć, a nawet usłyszeć.

Pamiętam, jak podczas jednego z obozów kadrowych trener po skoku mojego kolegi wypalił: „To był idealny skok". I miał rację, bo to była prawdziwa rakieta w górę. Tyle tylko, że trener nawet nie patrzył na ten skok, bo był zajęty czymś innym. Skąd więc wiedział, że to był dobry skok? Usłyszał rytm, w jakim zawodnik poruszał się na rozbiegu, i przede wszystkim usłyszał dźwięk odbicia, który towarzyszy dobrze oddanemu skokowi.

Jestem pewien, że osoby grające w tenisa również mogą Ci powiedzieć, kiedy uderzenie było dobre, właśnie po dźwięku piłki uderzającej w rakietę. Najlepsi zawodnicy potrafią pewnie określić również, jakie uczucie pojawia się w ich mięśniach po wykonaniu prawidłowego ruchu. Te wszystkie informacje są składowane w naszym mózgu i pozwalają później odtwarzać daną sytuację w umyśle.

SKOK #6

Spróbuj wykorzystać wszystkie do tej pory przeczytane informacjena temat rozgrzewki mentalnej i wyobraź sobie idealną rozmowę o pracę w firmie, w której zawsze chciałeś pracować.

Zanim przeprowadzę Cię przez ćwiczenie, musisz poznać jeszcze różnicę pomiędzy asocjacją i dysocjacją. Wiem, że na pierwszy rzut oka brzmi strasznie, ale w rzeczywistości asocjacja to widzenie całej sytuacji swoimi oczami. Siedzisz naprzeciwko swojego przyszłego szefa i patrzysz mu prosto w oczy. Dysocjacja z kolei to obraz tej samej sytuacji widziany jak na ekrani etelewizora. Wyobrażasz sobie coś tak, jakbyś siedział za szklaną szybą i widział siebie samego na rozmowie kwalifikacyjnej.

Podczas tego ćwiczenia musisz zebrać bardzo podobne informacje jak zawodnik szykujący się do ważnych zawodów:
- wynik, jaki chcesz osiągnąć,
- swoją wizję tego, w jaki sposób chcesz osiągnąć ten wynik,
- własne odczucia dotyczące Twojego przygotowania do rozmowy,
- świadomość własnych myśli, uczuć i emocji dotyczących tej rozmowy,

- miejsce, w którym odbędzie się rozmowa.

Możesz wypisać wszystkie te rzeczy na kartce, jeżeli chcesz.

Teraz przejdź do ćwiczenia w miejscu, w którym nikt nie będzie Ci przeszkadzał i w którym czujesz się komfortowo.

1. Wyobraź sobie, że wykonujesz wszystkie lub niektóre czynności związane z rozmową kwalifikacyjną z niezwykłą precyzją i skutecznością. Zadbaj o każdy szczegół, włącznie z przedstawieniem się czy uściskiem ręki. Tę część musisz sobie wyobrazić w stanie zdysocjowanym, czyli tak, jakbyś oglądał siebie na ekranie telewizora.

2. Obserwuj dokładnie, jak zachowujesz się w kolejnych etapach rozmowy lub podczas jej konkretnego elementu, na którym chcesz się skupić. Być może będzie to pytanie o wysokość zarobków. Przyzwyczaj się do patrzenia na siebie i obserwowania tego, co robisz dobrze, oraz zwróć uwagę na kluczowe aspekty wykonywanych czynności.

3. W momencie, który wyda Ci się właściwy, zaangażuj się w całą sytuację i wyobraź sobie, że rozmawiasz z przyszłym szefem, patrząc na niego własnymi oczami. Znajdź się wewnątrz skutecznego siebie, który właśnie odbywa świetną rozmowę o pracę. Wyobraź sobie uczucie towarzyszące usłyszeniu, że zostałeś przyjęty do pracy. Poczuj nawet uścisk ręki na zakończenie udanego spotkania. Zapamiętaj dokładnie wszystkie rzeczy, które poszły Ci dobrze.

NAPALANIE SIĘ, CZYLI GRZAŁKA

Trening mentalny czy rozgrzewka mentalna powinny byćwykonywane, podobnie zresztą jak trening fizyczny, w sposób zaplanowany i systematyczny. Co jednak, gdy nie masz czasu na tygodniowe przygotowania, a potrzebujesz tego kopa pozytywnej energii i pewności, że podołasz podjętemu zadaniu?

Tu jak bumerang powraca temat grzałki, o której już wcześniej Ci wspominałem. Grzałka, czyli napalanie się, to nic innego jak podniesienie poziomu ekscytacji w określonym momencie lub przed jakimś konkretnym zdarzeniem. Bardzo łatwo zaobserwować to zjawisko u sztangistów, którzy przygotowują się do swojej kolejnej próby, czy u zawodników rugby, mających za chwilę stanąć naprzeciwko potężnych rywali, którzy zrobią wszystko, żeby ich zatrzymać.

Napalanie się przed ważnym wydarzeniem sportowym stanowi istotny element umysłowego nastawienia sportowca. Warto tu dodać, że brak napalania również może się odbić na wyniku rywalizacji.

Na pewno kibicowałeś swojemu ulubionemu zawodnikowi lub drużynie, gdy na drodze mieli z pozoru niegroźnego i słabego przeciwnika. W normalnych warunkach dzieliła ich różnica kilku sportowych klas, jednak tego dnia coś było nie tak. Okazało się, że zawodnicy bez napalania się zlekceważyli przeciwnika i stracili normalny poziom koncentracji. Zabrakło również adrenaliny towarzyszącej większym wyzwaniom. Zawodnik lub cała drużyna mieli poważne problemy z odzyskaniem swojej formy. Być może nawet przegrali z dużo słabszym przeciwnikiem.

Napalanie, jako istotny element realizacji celów, musi więc być stosowane rozważnie. Nie można go również nadużywać. Gdy ktoś z natury wszystkim się zamartwia i ma problemy z poczuciem własnej wartości, napalanie się do przesady może spowodować, że przez zbyt wysokie podekscytowanie straci kontakt z rzeczywistością i zacznie poważniej przeceniać swoje możliwości.

Jeżeli chcesz spróbować tej techniki, możesz ją połączyć ze swoim rytuałem startowym, o którym pisałem w poprzedniej sekcji książki. Połączenie napalania się z konkretnymi słowami lub czynnością pozwoli Ci osiągnąć świetne rezultaty, szybciej wstać kanapy i ruszyć do działania.

W poprzednim ćwiczeniu z rozgrzewki mentalnej wyobraziłeś sobie już stan, w którym jesteś w pełni gotowy wejść do swojego ciała, przejąć kontrolę nad rozmową i poprowadzić ją dalej. Teraz wyobraź sobie tę samą sytuację i postaraj się opisać to, co czujesz, za pomocą jednego słowa lub jakiegoś gestu. To jest moment, w którym czujesz się w pełni gotowy pod względem fizycznym i psychicznym, żeby podjąć wyzwanie.

Za każdym razem, gdy będziesz potrzebował dodatkowej dawki pozytywnej energii, przywołaj to uczucie. W ciągu kilku sekund wypowiedz słowa swojego rytuału startowego i wykonaj szybką fizyczną akcję w kierunku Twojego celu. Za każdym razem, gdy staniesz przed przeszkodą, która wydaje się zbyt wysoka, powiedz „Jest nisko" i… #PrzeskoczTo.

4

SEKCJA

#19

JAK UTRZYMAĆ GŁÓD SUKCESU

Nawet gdy już poznałeś przyczyny odwlekania finalizacji projektów na później oraz dowiedziałeś się, co tak naprawdę stoi Ci na przeszkodzie, nadal nie jest łatwo odpowiedzieć na pytanie „Jak stale być zmotywowanym i realizować kolejne cele?".

Pytając o to sportowców, nie zawsze otrzymasz pełne wyjaśnienie. W wielu przypadkach może się okazać, że przez lata pracy nad sobą weszło im to już tak w krew, że trudno będzie im znaleźć jakieś racjonalne wytłumaczenie, dlaczego tak jest.

Sportowcy też są ludźmi – w ich przypadku również dochodzi do wypalenia i utraty sensu dalszej rywalizacji. Najlepszym przykładem jest Usain Bolt, który w sprincie osiągnął praktycznie wszystko, włącznie z wieloma medalami olimpijskimi i rekordami świata na 100 i 200 metrów. W jednym z wywiadów po zakończeniu kariery na pytanie, dlaczego skończył, skoro nadal mógł zdobywać medale, powiedział otwarcie: „Co jeszcze mogłem osiągnąć w lekkoatletyce, gdy zdobyłem już wszystkie najwyższe nagrody? Miałem plan i gdy go wykonałem, nie mam już motywacji, żeby iść tą ścieżką".

POTRZEBNA SZERSZA PERSPEKTYWA

Życie to nie sport, mimo że wielu z nas jest zawodnikami i występuje na własnych arenach, na których chcemy być najlepsi. Jak więc utrzymać głód sukcesu, gdy nawet najznakomitsi sportowcy tracą motywację?

Ciekawą koncepcję połączenia sportowych nawyków w życiu przedstawił Gary Vaynerchuk, amerykański biznesmen. W jednym ze swoich materiałów przypominał, że od dzieciństwa nienawidził tego wyrazu twarzy innych dzieci, które pokonały go w czymś. Teraz, realizując kolejne projekty biznesowe i opowiadając o tym, co go napędza, podkreśla potrzebę spojrzenia na sukces z szerszej perspektywy.

– Chodzi o to, żeby dobrze zrozumieć fakt, że mamy tylko jedno życie i określony czas, żeby zrealizować wszystko, co chcemy zrobić – mówi.

Jako podstawę swojego systemu motywacji podaje tylko dwa istotne punkty: EGOIZM oraz WDZIĘCZNOŚĆ. Musisz być egoistą w stosunku do czasu, który Ci pozostał, i pozostać wdzięczny za ten czas, który już miałeś.

Gdy Vaynerchuk mówi o byciu samolubnym, nie ma na myśli pieniędzy:

– Gdybyś powiedział mi, że moja firma mogłaby mieć 500 000 000 dolarów i komentarze byłyby typu „Wykonał niezłą robotę dla siebie i zdobył pieniądze" lub że mógłbym mieć 200 000 000 dolarów, ale komentarze byłyby w stylu „Zmienił nastawienie, z jakim cała branża patrzy na umiejętność skupienia uwagi", nie mam wątpliwości, którą z opcji bym wybrał. Dla mnie najważniejsze jest, żeby mieć wpływ i pozostawić po sobie dziedzictwo. To, co sprawia, że wszystko staje się proste, to fakt, że bardziej kocham sam proces niż to, co ten proces może mi dać. Lubię wkładać w to wszystko pracę. To świetne nastawienie i jeżeli uda ci się je zdobyć i patrzeć na rzeczy z takiej perspektywy, to pomoże ci pozostać zmotywowanym.

Amerykański biznesmen podobnie wypowiada się w kwestii wdzięczności:

– Gdy ludzie pytają mnie o motywację, w 80% przypadków przypisuję zasługi wdzięczności – podkreśla. – Jeżeli potrzebujesz prawdziwego paliwa do wygranej, bądź wdzięczny. Wdzięczność pozwoliła mi przetrwać najtrudniejsze momenty w biznesie. Nawet w przypadku, gdy traciłem duże kontrakty i miliony zysków, nadal pozostawałem wdzięczny. Dlaczego? Ponieważ na co mi kolejny odrzutowiec, jeżeli nie mógłbym zadzwonić do kogoś, kogo kocham, lub jeżelibym otrzymał telefon, że ktoś mi bliski umarł. Zdziwiłbyś się, jak szybko zapominasz w takich sytuacjach o biznesie.

W motywacji chodzi o mentalną zmianę w nastawieniu. Chodzi o zrozumienie, że czas jest Twoim aktywem numer jeden. Musisz być więc wdzięczny za czas, który już przeżyłeś, i być egoistą w kwestii czasu, który dopiero przed Tobą. Musisz wycisnąć z życia najwięcej, jak się da. Być może nastawienie „i tak umrzesz" jest mroczne, ale łatwo pozwala pozostać zmotywowanym. Kto wie, co przyniesie jutro? To właśnie czyni mnie głodnym sukcesu. Motywacja to nie wszystko – to tylko połowa bitwy. Łatwiej się zmotywować, niż zacząć działać.

Zapamiętaj: Pomysły nie są nic warte, dopóki ich nie zrealizujesz.

#20

MISTRZOWSKIE SPOSOBY NA PROBLEMY Z MOTYWACJĄ

Na zakończenie książki mam dla Ciebie niespodziankę. Zawodnicy i trenerzy specjalnie dla Ciebie zgodzili się podzielić swoimi sposobami na utrzymanie motywacji oraz na realizację kolejnych ambitnych planów.

Ta część jest wyjątkowa jeszcze pod innym względem. Ponieważ książka jest dostępna za darmo, ten dział będzie uzupełniany o historie i porady kolejnych zawodników, którzy zdecydują się przekazać swoje mądrości nie tylko młodszym zawodnikom, ale również innym osobom, które będą mogły zastosować te rady w swoim życiu.

GOSIA PAZDA-POZORSKA

2017 – mistrzyni Polski w biegu na 100 kilometrów.

2017 – ukończyła Spartathlon – przebiegła 246 kilometrów.

2018 – drużynowa mistrzyni Europy w biegu 24-godzinnym (brązowy medal indywidualnie).

Gorszy dzień lub brak motywacji? Nie u mnie! Jeszcze nie zdarzył mi się dzień z brakiem motywacji. Robię to, co kocham, czyli biegam. Nikt mi nie każe tego robić. Trenuję i biorę udział w zawodach, ponieważ daje mi to dużo radości, zdrowia i satysfakcji.

Przeżyłam śmierć kliniczną, miałam złamaną każdą rękę i nogę. Przeszłam też różne inne operacje, urazy, z których musiałam się podnieść. Teraz, kiedy mogę biegać, nie ma dla mnie granic. Kiedy nadchodzi zmęczenie, przypominam sobie którąś ze swoich życiowych tragedii i kryzys w ułamkach sekund mija. Na co dzień zajmuję się od 14 lat rehabilitacją. Każdego dnia widzę chorych ludzi. Oni też nie pozwalają mi zapomnieć, że nie mam prawa narzekać.

Ranga zawodów nie ma znaczenia. Zawsze staram się biec jak najlepiej i dać z siebie tyle, ile tylko mogę tego dnia. Uwielbiam się ścigać i rywalizować.

Daje mi to pozytywną dawkę adrenaliny i endorfinki, które uwielbiam.

W sporcie bardzo ważna jest rola trenera. Ja osobiście współpracujęz Pawłem Grzonką i w pełni mu ufam. Sama nie skończyłam Akademii Wychowania Fizycznego i nie mam żadnego szkolenia w tej dziedzinie, więc zdecydowałam się postawić na osobę wykształconą w tym kierunku. Nawet, gdy zaczynałam biegać w 2013 roku, nie robiłam niczego na własną rękę, tylko ściągałam z Internetu gotowe plany treningowe przygotowane przez profesjonalnych trenerów. To bardzo ważne, szczególnie gdy ktoś dopiero rozpoczyna swoją przygodę ze sportem. W pracy, jako rehabilitantka, mam na co dzień zbyt często styczność z kontuzjami wynikającymi z przetrenowania czy złego treningu amatorskiego.

Obok treningu równie ważna jest regeneracja. Dla mnie to oznacza dużo snu i dobrego jedzenia. Ułożenie sobie wszystkiego w życiu i nadanie tym rzeczompriorytetów jest kluczowe. Bieganie znajduje się u mnie na trzecim miejscu. Gdybym nie biegała, nie załamałoby się moje życie. Ja już je wygrałam. Na pierwszym miejscu jest moja wspaniała rodzina. Najważniejsze i największe szczęście – mąż, córkai pies. Na drugim miejscu – praca. Ukończone studia, zaplecze finansowe z pewną pracą, którą wykonuję z ogromnym zaangażowaniem i satysfakcją. Praca to również moja pasja.

Gdyby nie było biegania, to pewnie byłby jakiś inny sport pomagającymi poprawiać sprawność fizyczną. Myślę, że w życiu przerobiłam już wszystkie dyscypliny. Jeszcze korci mnie wrotkarstwo wyścigowe. Może i na nie przyjdzie czas. Teraz jednak okazało się, że bieganie wychodzi mi całkiem nieźle i mogę reprezentować Polskę na imprezach międzynarodowych. Robię toz ogromnym zaszczytem.

Moja rada dla innych? To bardzo proste. Pamiętajcie: Marzenia się nie spełniają. Marzenia się SPEŁNIA! Albo jest się zawziętym w ich realizacji, albo jest się cieniasem. Taka prawda. Trzeba mieć chęci, a wtedy można wszystko.

Na co dzień pracuję na pełnym etacie, mam córeczkę i jak każda kobieta zajmuję się domem. Na trening wychodzę najczęściej, kiedy jeszcze wszyscy śpią, około piątej rano. Czasami wcześniej. Robię to tylko dlatego, że chcę! Mogłabym spać słodko w tym czasie, ale nie... ja mam marzenia i chcę je zrealizować.

Tobie życzę tego samego!

PIOTR KLINKOSZ

Mistrz Irlandii Federacji NABBA NoviceClass (2008).

Mistrz Irlandii federacji RIBBF w kulturystyce do 80 kg (2014).

Mistrz Polski federacji IFBB w kulturystyce do 80 kg (2016).

Mistrz Polski federacji PCA w kulturystyce class 4 (2018).

Zdobywca 1. miejsca PCA Bodypower Show Birmingham class 4 (2018).

Zdobywca 4. miejsca PCA Bodypower Super Series PRO (2018).

Certyfikowany trener personalny w zakresie Kulturystyki i Fitness Polskiego Związku Kulturystyki, Fitness i Trójboju Siłowego.

Advanced Bodybuilding and Fitness Trainer Specialist certified by International Federation of Bodybuilding & Fitness (IFBB).

Każdy z nas ma taki moment, że po raz pierwszy występuje na arenie sportowej lub robi coś innego. Sportowiec wie jednak, że sama przegrana nie musi oznaczać porażki. Ukończenie rywalizacji na 15. miejscu, ale pokonanie własnego rekordu życiowego jest dla niego sukcesem.

To doskonała informacja zwrotna, jeżeli chodzi o plan treningowy i samo przygotowanie.

Na tej podstawie można dalej się przygotowywać do ponownego poprawiania rekordów i w kolejnych zawodach zdobyć lepsze miejsce.

Sportowcy oczywiście nie osiągnęli swoich wyjątkowych rezultatów z dnia na dzień. Nikt po kilku treningach nie zostaje mistrzem świata. Dlaczego więc w życiu czy biznesie miałoby być inaczej? Jedynie dzięki ciężkiej pracy na treningach i biciu swoich rekordów stajemy się lepsi i możemy sięgać po coraz ambitniejsze cele.

W kulturystyce gorszy dzień, kiedy nie ma się na nic ochoty i siły na trening, nie do końca sprawia, że motywacja spada.Wręcz przeciwnie. W moim przypadku przed zbliżającymi się zawodami ten gorszy dzień oznacza poprawiającą się formę.Odbicie w lustrze również potwierdza, że wykonałem kawał dobrej i ciężkiej roboty. A to dodatkowo dodaje mi kopa i motywację do dalszej pracy.

W przypadku kulturystyki i innych sportów sylwetkowych gorsze dni związane są również z sytuacją, gdy ekstremalne zmęczenie, a nawet głód są na porządku dziennym. Szczególnie przed samymi zawodami, gdy trzeba trzymać rygorystyczną dietę i się odwadniać.

W tym przypadku kluczowe jest też przygotowanie mentalne. Podczas treningu nie ma mowy o wykonywaniu niepotrzebnych rzeczy czy robieniu czegoś na odczepnego. Trzeba działać efektywnie i odrzucić wszystko, co może rozpraszać. Do tego dochodzi stałe balansowanie wartościami odżywczymi i obserwowanie, jak organizm na nie reaguje. W czasie przygotowania do zawodów jeden zły lub pominięty posiłek może zaważyć na końcowym wyniku. Dlatego tak ważne są organizacja i skupienie na celu.

Niestety, nie da się zrobić wszystkiego naraz, więc przed zawodami zawsze wyznaczam sobie partie ciała, nad którymi chciałbym intensywniej popracować, układam plan i przez te kilka miesięcy skrupulatnie go wypełniam. Efekty weryfikowane są na deskach sceny zawodów. Po latach treningów mam już swoją wizję sylwetki, do której dążę, i konsekwentnie realizuję swój cel.

W sporcie w sytuacjach kryzysowych ważną rolę odgrywatrener, który obiektywnie oceni formę, doda motywacji czy zmieni metody treningowe bądź dietę. Dzięki przygotowanym przez niego planom uczymy się też systematyczności w działaniu, ponieważ nie da się wykonać wszystkiego na jednym treningu.

Wsparcie trenera w przełamywaniu własnych lęków i barier jest potrzebne na początku drogi każdego sportowca. Uczymy się, że we wszystkim trzeba zaczynać od podstaw, ponieważ bez solidnych undamentów nie da się osiągnąć sukcesu.

Bardzo ważne jest ponadto wsparcie rodziny i znajomych, którzy wierzą w Ciebie i pomagają chociażby dobrym słowem, dopingują i trzymają kciuki.

Sportowiec buduje pewność siebie krok po kroku, doskonaląc umiejętności w kolejnych aspektach swojej dyscypliny. Zarówno amatorzy, jak i zawodowcy mają do dyspozycji te same metody treningowe i przyrządy. Różnica jednak tkwi przede wszystkim w zdobywanym doświadczeniu. To owocuje coraz to lepszą i dokładniejszą techniką wykonywania ćwiczeń oraz głębszą wiedzą na temat diety i tego, jak poszczególne mikro- i makroskładniki wpływają na kształtowanie naszej sylwetki.

To przekłada się na lepsze wyniki. Robiąc coś przez lata, nabieramy również pewności siebie i zaufania do własnych możliwości. To pozwala przeskakiwać na wyższy poziom.

Sport uczy nas również rzeczy, bez których trudno realizować jakiekolwiek życiowe plany. To systematyczność, determinacja w dążeniu do celu i przede wszystkim ciężka praca!

Możemy planować do woli i rozmyślać godzinami, ale jeżeli nie poprzemy naszych celów i marzeń ciężką pracą – nigdy nie uda się nam ich zrealizować. Te same sportowe zasady możemy z powodzeniem stosować w każdej dziedzinie życia. Wówczas bez względu na przeszkody, które staną na naszej drodze, będziemyw stanie iść dalej. Małe codzienne sukcesy podczas treningów i realizacji projektów zawodowych dają nam pewność siebie.

Historia pokazuje, że czasami świetni zawodnicy nie umieją się odnaleźć poza sportową areną. W sporcie cele i dążenie do nich były łatwiejsze – w życiu nie zawsze jest tak prosto.

Według mnie częściową winę za to ponosi zasada fair play, która uczy nas przestrzegania reguł danej dyscypliny bez intencji oszustwa. Uczy nas również szacunku do innych zawodników i sprawia, że kwestia zazdrości schodzi na dalszy plan. Wyniki świadczą przecież same za siebie. My jedynie weryfikujemy siebie, nasz poziom sportowy i pracę, jaką wykonaliśmy na treningach. Nie ma potrzeby być zazdrosnym o cokolwiek, gdy wiemy, że tak naprawę walczymy z sobą samym i to była najlepsza forma, na którą było nas stać w danej chwili.

Profesjonalni sportowcy, skupieni tylko na sobie i wytycznych w danej dyscyplinie, zamykają się często w szczelnej bańce.

Po zakończeniu kariery sportowej zawodnicy, którzy przestrzegali reguł, często zderzają się z szarą rzeczywistością, w której nie obowiązują żadne zasady. Nagle okazuje się, że znaleźli się na zupełnie innej arenie sportowej, na której każdy próbuje osiągnąć swój cel, nie zważając na nikogo — często wykorzystując zaufanie innych i podstawiając im nogę przy okazji. Zazdrość jestna porządku dziennym i wiele osób z czystej „życzliwości" zrob iwszystko, żeby komuś innemu nie udało się osiągnąć celu. W takiej sytuacji można sobie poradzić... dzięki sportowemu podejściu. Adaptacja do nowych warunków oraz unikanie okoliczności mogących prowadzić do „kontuzji" sprawdzają się świetnie.

Moja rada jest prosta: Jeśli masz odwagę marzyć, to miej również odwagę, żeby spełnić swoje marzenia! Do marzeń nie potrzeba odwagi. Potrzebujesz odwagi, żeby zacząć je spełniać, a później musisz dołożyć do tego pracę. Jeśli rozłożysz cel na małe elementy, może się okazać, że te drobne kroki prowadzącedo niego wcale nie są takie straszne. Budując pewność siebie i wytrwale dążąc do celu, możesz spełnić wszystkie swoje marzenia.

Powodzenia!

ANIA MUCHNICKA

Trener komunikacji, liderstwa, zarządzania i biznesu w środowisku międzykulturowym.
Coach Action Learning.
Wykładowca MBA i SWPS-u.
Nauczyciel jogi kundalini @as taught by YogiBhajan.
Tłumacz przysięgły języka francuskiego, tłumacz ustny i pisemny języka angielskiego.
Były urzędnik Komisji Europejskiej i mówca w Parlamencie Europejskim
Twórca YourFutureisNow – wspólnoty dla ekspatriantów.
Muzyk.
Prelegent TEDx.

Gdy po siedmiu latach zdecydowałam się zakończyć pracę w Komisji Europejskiej w Brukseli, wiedziałam, że dla wielu moich kolegów aka praca to był jeden z ostatecznych celów życiowych. Prestiżowa instytucja, wysokie zarobki i wizja stanowiska pracy do końca życia nie dawały mi jednak spokoju ducha. Przez większość czasu miałam poczucie pustki. Nie wiedziałam, co jest moim celem życiowym, o którym piszą w „motywujących" książkach. Mnie te lektury nie motywowały, lecz przygnębiały. W 2012 roku sprzedałam wszystko i rzuciłam pracę.

Podejrzewałam, że wiele osób z mojego otoczenia śmieje się pod nosem, myśląc: „niespełniona, poprzewracało się w głowie, szuka siebie". Ja czułam, że we mnie coś się rodzi. Jeszcze nie było widać co to jest, ale ja już to wyczuwałam. Chyba tak czuje się kobieta w ciąży. Nie miałam pojęcia, o co mi chodzi, ale wiedziałam dokładnie, co mam robić. Do tego miałam odczuwałam silne pragnienie, by się rozwieść. To wszystko razem to był taki skok w moim życiu na główkę, którego dziś nie polecam. Wszystko naraz. Zawróciłam rozpędzony pociąg. Taki kryzys egzystencjalny, ale bardzo wtedy potrzebny. Dziś wiem, że chodziło o przewartościowanie życia. Nie pieniądze, nie kariera, nie status społeczny, ale spokój stał się moją wartością, a także wolność myślenia, kwestionowanie statusu quo. Kiedy wyruszyłam w podróż, było przede mną mnóstwo niewiadomych. Byłam przerażona.

Dzisiaj wiem, że życie miało dla mnie lepszy plan niż moja głowa. Dobrze, że nie miałam pojęcia, co mnie czeka, bobym stchórzyła. To, co mnie potem spotkało po drodze, wymagało ode mnie wielkiej przemiany poglądów i porzucenia starej tożsamości. Ja idę w życiez pustą miską - jak buddyjscy mnisi w Birmie. Patrzę, co do niej wpadnie, nie oczekuję, nie robię planów, bo nie ma potem miejsca na to, co przynosi samo życie.A życie przynosi niesamowite doświadczenia.

Tego mnie nauczyły podróż bez mapy i przewodnika oraz życie w krajach Azji Południowo-Wschodniej. To jest buddyjskie podejście, które nazywam *emptymind* (pusty umysł). Po siedmiu latach spędzonych w tych krajach nasiąknęłam spokojem i mam tych nagłych, bezmyślnych reakcji na impulsy życia coraz mniej. Nauczyłam się, że najlepsza nauka przychodzi po tym jak czegoś spróbuję,a nie z czytania o tym.

Dlatego zostałam ostatnio coachem Action Learning. To było bardzo spójne z moją filozofią życia i bardzo przydatne w mojej pracy z menedżerami. Nie planowałam bycia ani trenerem biznesowym, ani nauczycielem jogi kundalini, ani coachem. Samo przyszło, gdy byłam na to gotowa. Wpadło do pustej miski. Życie bez planu nie oznacza oczywiście, że nigdy niczego nieplanuję. Obmyślam plany, kiedy czuję w ciele radość, ekspansję, inspirację do działania. Kiedy kłębi się we mnie, nie robię nic w danym kierunku. Nawet jeśli oznacza to skromne życie, bezrobocie, samotność lub brak dachu nad głową. Pozwalam sobie czuć emocje i przeczekuję tę burzę albo robię wtedy coś innego. Najczęściej coś kreatywnego albo po prostu siadam na macie lub ruszam się.

Coraz częściej dopuszczam do siebie też sytuacje, w których nie jestem perfekcyjna. Próbuję nowych rzeczy i nie zawężam swojej tożsamości. Pozwalam jej plastycznie ewoluować. Akceptuję swoją niewiedzę i lęk związany z niewiedzą. Nauczyłam się, że on mnie nie zabija. Żyję z nim w sumie cały czas. Pozwalam sobie być nikim, ponieważ kiedy jestem nikim, mogę być też, kim chcę. Bez tej wewnętrznej presji rodzi się coś ważnego – wewnętrzny spokój. Tegonauczyła mnie depresja – pozwolić sobie na to, co jest, nawet jeśli to jest cierpienie. Spokój niestety nie jest dany raz na zawsze i stalego w sobie pielęgnuję - jak ogród. Siadam na macie ddycham głęboko lub powtarzam sobie mantry, np. medytację *lovingkindness*, która brzmi tak: „Bądź spokojna, bądź zdrowa, bądź szczęśliwa". To uspokaja mój umysł, ciało, serce i pozwala mi na decyzję, która niejest oparta na strachu. Na przykład na decyzję, że nie robię z tymw tej chwili nic, tylko pozwalam sobie na gorszy dzień.

Produktywność jest uzależniająca. Szczególnie w czasach, w których mamy tak szeroki dostęp do wszystkiego. Możemy wszystko, ale liczba opcji nas przytłacza. Czasami szalejemy w pędzie, byle tylko coś robić, co da nam w życiu sens, zapełni pustkę. A to właśnie w tej pustce, której się boimy, jest sens. Chwila odpoczynku jest dla nas marnowaniem czasu. A tak naprawdę w życiu - jak w sporcie- odpoczynek jest równie ważny jak ćwiczenia. Pustka jest równie ważna jak działanie. Jeśli nie pozwalamy sobie na pustkę, to ograniczamy swój potencjał, „naparstkiem pijemy malutki los", jak pisała Szymborska.

Jako instruktorka nurkowania w Tajlandii żyłam przez pewien czas w raju. Piękne widoki, niebieskie morze, odpoczywanie na tarasie z widokiem na dżunglę, bose stopy na piasku - to sytuacja, z której bardzo trudno przestawić się na warszawską, betonową rzeczywistość.

Gdy cztery lata temu wróciłam do Polski, musiałam się jednak z nią mierzyć i nie było mi łatwo. Bez pracy i bez pomysłu na to, co robić dalej, przez długi czas siedziałam, patrząc, jak tyka zegarek. Wróciła też rykoszetem depresja, która ćmiła u mnie od lat, tłumiona przez osiąganie celów, produktywność, używki, podróże i toksyczne związki. Wychodziłam z niej bez leków, początkowo pomagała mi medytacja, a później joga kundalini.

Źródłem chorób cywilizacyjnych takich jak depresja jest to, że w tym całym pędzie trudno ciężko jest nam się zatrzymać. Doświadczyłam tego na sobie, próbując medytacji na własną rękę. Wcześniej myślałam, że polega ona na siedzeniu w pozycji kwiatu lotosu i odpływaniu w krainę błogości i radości. Okazało się, że przypominało raczej sprzątanie kloaki.

Po chwili od zamknięcia oczu moje myśli po prostu szalały i zrozumiałam, że piekło naprawdę istniało. Było w mojej głowie. Skupienie się na jednej rzeczy, czyli na oddychaniu, było wręczniemożliwe. To mi pokazało, jak bardzo moja uwaga jest rozproszona.

Depresja to według mnie właśnie taki stan rozkojarzenia. W rzeczywistości nie ma mnie tutaj, bo jestem wmojej głowie albo w przeszłości i w przyszłości. W tym pędzie i gonitwie nasza intuicja jest praktycznie niesłyszalna. Bezruch i skupieniana jednej rzeczy - zamiast pomagać - powoduje nerwicę i nieustanną chęć działania, byle coś robić i nie czuć tych wszystkich emocji. Taka sytuacja drenuje nasze siły witalne.

Medytacja na własnąrękę może być niebezpieczna. Nasz układ nerwowy może tegonie wytrzymać. Medytacja nie jest dla wszystkich i nie na każdym etapie naszego życia. U mnie właśnie te próby medytacji na własną rękę powodowały jeszcze większe problemy. Wtedy powiedziałam „stop" i zdecydowałam, że muszę poszukać doświadczonej osoby, która pomożemi to zrobić we właściwy sposób. Dzięki nauczycielom jogi kundalinii później mnichom w centrum medytacji w Birmie mogłamćwiczyć, a potem konsultować cały proces i pokornie czekać nadalsze wskazówki.

Zanim jednak mogłam przejść do właściwej medytacji, musiałam się nauczyć w ogóle relaksować, odpoczywać wręcz. To było jak trenowanie nieistniejącego mięśnia. W tym przypadku świetnie sprawdzała się właśnie aktywność fizyczna. Po treningu, gdy nasze ciało wypełniają endorfiny, znacznie łatwiej się zrelaksować. Z czasem zaczęłam stosować coś, co współcześnie nazywamy snem jogicznym.

Polega on na rozluźnianiu poszczególnych części ciała i skupianiu się naodczuciach w ciele i emocjach. Zdarzało się, że nie wytrzymywałam w bezruchu 30 minut. Czasami zasypiałam pod koniec i to był również pozytywny odruch organizmu, który sam się regenerował. Sen do dziś uważam za najskuteczniejszą praktykę duchową. Takie proste rzeczy są najlepsze dla nas, na przykład oddech.

To dopiero było dla mnie odkrycie! Od dziecka uwielbiam śpiewać, ale nigdy wcześniej nie myślałam, że oddech jest tak ważny i dosłownie przywróci mi chęć do życia. Przestałam śpiewać w klasie maturalnej, bo dałam się przekonać, że śpiew nie przyda mi się w życiu zawodowym. Kiedy miałam depresję, nie chciało mi sięw życiu nic. Nic nie dawało mi radości prócz jednej rzeczy – śpiewania.

Pamiętam, że wtedy przez jakiś czas oprócz gapienia się na zegar, spania i biegania robiłam właśnie to. To pomagało mi odnaleźć spokój i dojść do siebie. Ucząc jogi, zawsze tłumaczę, że najlepsza jest metoda małych kroków, z miłością, szacunkiem i cierpliwością do siebie. Ludzie często przychodzą na matę z korporacyjnym nastawieniem osiągania celów. A w jodze, jak w życiu, nie ma celu. Jest tylko uważność. Jest ból – zauważ to. Jest błogostan – zauważ to. Nic więcej.

Wszystko i tak się zmienia. Nie mamy na to wpływu. Ludzie myślą, że mogą dzięki jodze osiągnąć jakiś stan na zawsze. To jest kłamstwo o jodze i medytacji, które wynika z rozumienia jej przez nasze umysły zaprogramowane w kulturze osiągania celu. Ten wewnętrzny spokój może przyjść sam, kiedy zauważamy wszystko bez chęci doświadczania czegokolwiek konkretnego.To jest wolność - bycie z tym, co jest, nieuciekanie od tego.

To jest medytacja, czyli joga. Tysiące lat temu joga to była właśnie medytacją a wszystkie asany, czyli pozycje i oddech, były tylko przygotowaniem do jogi. Teraz często ludzie myślą, że joga to są te pozycje stania na głowie i seksowne wygięcia w mostek. Pomijają medytację lub myślą, że joga nie jest dla nich, szczególnie mężczyźni. Tymczasem naukowo udowodniono, że medytacja u mężczyzn podnosi testosteron i obniża kortyzol. Joga kundalini jest jak najbardziej dla mężczyzn. Mnie nauczyli jej ludzie na emeryturze.

To, co robimy na macie, to jest coś zupełnie innego, niż nam się powszechnie wydaje. Niedługo minie siedem lat odkąd, przeprowadziłam w swoim życiu rewolucję. Wiem, że nic nie wiem i będę podążać za ciekawością i inspiracją do działania, którą czuję teraz dzięki relaksacji, śpiewaniu, medytacji vipassana i jodze kundalini. Najlepsze rzeczy w życiu spotykają mnie, gdy odpuszczam i przestaję gonić. Gdyby wtedy, gdy pracowałam w Komisji Europejskiej ktoś powiedział mi, że będę prelegentką TEDx i będę opowiadała o medytacji, to popukałabym się w czoło. O czym miałabym wtedy opowiadać, skoro skrycie myślałam o sobie, że jestem przegrana, że nie mam w życiu celu i że moja egzystencja nie ma większego sensu. Kto by pomyślał, że właśnie o tym mam opowiedzieć na TEDx -o życiu bez celu i o tym, że pozwalam sobie na to. Wychodzę z założenia, że *I`m enough*, czyli to, co wiem i kim jestem w tym momencie w zupełności wystarczy, żeby żyć. Nawet jeżeli czegoś nie wiem, to w każdej chwili mogę się dowiedzieć, nauczyć, zapytać. Jeżeli coś ma być, to wszystko się ułoży jak klocki domina. Jeżeli okazuje się, że nie, to odpuszczam, nie szarpię się zawszelką cenę. Biorę oddech.

Za rogiem czeka mnie przecież coś lepszego.

Życie cały czas spiskuje za naszymi plecami. Naszym zadaniem jest tak naprawdę zrelaksować się, oddychać i zauważać, kiedy dostajemy impuls do działania w postaci inspiracji, motyli w brzuchu i ekspansji w sercu. Jak tego nie mam, to wiem, że działam ze strachu i że wiosłuję pod prąd. Wciąż uczę się cierpliwie czekać, być spokojną i oddychać głęboko do brzucha, gdy czuję panikę.

Najważniejsza jest odwaga stawiania w życiu pierwszych kroków, ubrudzenia się, spróbowania czegoś nowego, potknięć, by przekonaćsię na własnej skórze, co jest za górką. Nasze prawdziwe marzenia, pragnienia naszego serca - a nie naszego społeczeństwa - są niewidoczne gołym okiem. Jak możemy je więc planować? Możemy je tylko odkryć, robiąc następny krok w nieznane. I zawsze będziemy na dobrej drodze. Bo nie ma dobrej drogi. Jest tylko kolejny krok.

SEBASTIAN BEDNARCZYK

Trener.

Były zawodnik kadry narodowej w lekkoatletyce.

Były zawodnik w Polskim Związku Bobslei i Skeletonu.

Założyciel portalu Sprinterzy.com.

Zakładając portal Sprinterzy.com, byłem zawodnikiem, który właśnie wracał z lekkoatletycznych młodzieżowych mistrzostw Europy. Wiedziałem, że zorganizowanie tak dużego przedsięwzięcia jak portal lekkoatletyczny wymaga nie tylko pasji do sportu, ale również predyspozycji dziennikarskich, szkoleniowych i kilku życzliwych osób, które wsparłyby cały projekt. Od samego początku to wszystko zagrało.

Dzisiaj, po sześciu latach, wiem, że całość nie wytrzymałaby tak długo, gdyby nie wytrwałość w dążeniu do celu. Widziałem i śledziłem wiele sportowych, biegowych i lekkoatletycznych portali, które upadały po miesiącu lub roku działalności. Po setkach napisanych krótszych lub dłuższych tekstów oraz wielu innych inicjatyw widziałem, że to, co robię, ma wartość dla tysięcy osób śledzących kolejne wpisy. Nie mogłem więc przestać i zostawić ich na lodzie. Czułem, że gdybym odpuścił, to zamiast rozwijać się, cofnąłbym się o kilka kroków.

I to nie tylko ja, ale też cała lekkoatletyka w Polsce. Po drodze nie zawsze było łatwo. Musiałem się mierzyć z problemami prawnymi oraz ponosić koszty całego przedsięwzięcia.

Mimo to nie zrażałem się. Mało tego - teraz, z perspektywy lat, nie widzę w całości aż tak dużej własnej zasługi. Po prostu postawiłem pierwszy krok.

Każdy z nas ma marzenia. To wystarczy! Wraz z marzeniami każdy z nas ma jakieś predyspozycje, talenty i coś, w czym jest dobry. To, czy pójdziemy i odkryjemy to, co dla nas ważne, jest kwestią koncentracji na swoich własnych potrzebach. Fakt, że niektóre projekty upadają, nie oznacza również, że osoby nimi zarządzające są gorsze. Być może po prostu przekonały się, że to nie jest to, co chcą robić, i realizują się w czymś innym.

W przypadku robienia czegoś dla siebie chyba najbardziej boli ocenianie sportowców, prezesów czy biznesmenów, którym powinęła się noga i coś nie zagrało lub projekt upadł. Psychologowie lubią interpretować te upadki w aspekcie trwałości, a nie sukcesu.

Trwałość oznacza brak chęci polegania na ludziach bardziej doświadczonych, a w rezultacie mądrzejszych. Człowiek nastawiony na trwałość po osiągnięciu jakiegoś sukcesu koncentruje się na swoim talencie, zamykając się na inne rozwiązania i możliwości. Człowiek nastawiony na rozwój z kolei nigdy nie osiada na laurach, ale wciąż ryzykuje, inspiruje się innymi i wdraża rozwiązania, które mogą go pchnąć do rozwoju. Powyższe porównanie nie powinno skreślać jednych ani drugich.

Najważniejsza w osiąganiu marzeń wydaje się pokora, co przede wszystkim wyróżnia tych nastawionych na rozwój, ale jeśli trwałość ma wiązać się z upadkiem, w perspektywie przyniesie naukę na własnych błędach.

W swoim życiu obserwowałem ludzi wyniosłych i skoncentrowanych na sobie, którzy z powodzeniem realizowali się w biznesie, ale jednocześnie czytałem mnóstwo wybiórczych historii, w których takie podejście według autorów po jakimś czasie przekreślało te osoby na skutek tego, że doprowadzały one swoje biznesy do finansowej katastrofy. Równocześnie widziałem ludzi pokornych, którzy osiągnęli wszystko, czego chcieli, a na przykład choroba lub wypadek kazały im porzucić życie oparte na sukcesie rozumianym jako rozwój. Jeśli stoimy pomiędzy wyborem tego, jak żyć, i tak największym nauczycielem będzie samo życie.

Wzbraniam się przed oceną, że jeśli ktoś ufa wyłącznie sobie, ty to na pewno jest gorszy. Jestem za tym, żeby stanąć po stronie doświadczenia i życia jako nauczyciela. Czy to przekreśla któryś z opisanych typów nastawień? Co innego, jeśli patrzymy na dany typ nastawienia przez pryzmat moralności, ale czy to już nie jest subiektywne?

Każdy z nas najlepiej uczy się na błędach oraz poprzez doświadczenie. Najważniejsze w tym wszystkim jest, żeby się nie poddawać, cały czas szukać rozwiązań, pytać, inspirować się innymi i stale poszukiwać odpowiedzi na pytanie o sens tego, co robimy. Nawet, gdy rezygnujemy ze sportu przez opinię „mojego ciała nie stać na więcej", to nie znaczy, że nie możemy się realizować w zupełnie czymś innym.

Nigdy nie jesteśmy przegrani. Życie cały czas otwiera przed nami nowe horyzonty.

W moim przypadku widzę to również przez pryzmat swoich chorób – cukrzycy typu I oraz miotonii. Oczywiście z jednej strony czytamy romantyczne i inspirujące historie o tym, że ktoś zmagał się z kontuzją, wrócił i wygrał. Z drugiej strony są takie powikłania chorób czy kontuzji, przez które trzeba redefiniować całe nasze życie.

Nie ma tak, że do sukcesu dąży się za wszelką cenę. Skoro mamy marzenia, musimy też wiedzieć, skąd one się biorą. Czy to tylko nasz umysł nam coś podpowiada? A może serce? A może nie coś, tylko ktoś. Warto wsłuchiwać się w swój wewnętrzny głos i cały czas korygować własny kurs. Trzeba też pamiętać, że bardzo często największymi bohaterami są nie ci, o których głośno w mediach, ale właśnie ci, o których świat nawet nie słyszał. Zanim zostałem trenerem, musiałem zmierzyć się z porażkami ako student, zawodnik, dziennikarz czy pracownik fabryki...Nie byłbym w miejscu, w którym jestem, gdyby nie suma wszystkich moich doświadczeń.

BERNADETA KOPEĆ

Prezes klubu Akademia Małego Lekkoatlety w Słupsku.

Trener PZLA.

Przełożenie wszystkiego, czego uczy nas sport, na inne aspekty życia nie zawsze jest takie proste. Czasami bywa przecież tak, że bardzo dobrzy sportowcy nie umieją się odnaleźć po zakończeniu kariery i nie mają pomysłu na dalsze życie. Pamiętam sytuację, gdy sama byłam zawodniczką i całe moje życie było podporządkowane treningom. W pewnym momencie kontuzja i konieczna operacja poważnie zweryfikowały moje sportowe plany. Nie odeszłam od sportu zupełnie, ale to już nie było to samo, ponieważ trening na wysokim poziomie nie wchodził w rachubę.

Musiałam stanąć z boku i odpowiedzieć sobie na pytanie: „I co teraz?". W rezultacie wycofałam się i było mi bardzo trudno, gdy wróciłam po studiach do Słupska. Rzuciłam się w wir pracy z młodzieżą, ale jak ognia wystrzegałam się wizyt na stadionie. Nie miałam ochoty tam wracać. Nie chciałam żałować i zastanawiać się „co by było, gdyby…".

Potrzebowałam czasu, żeby sobie towszystko poukładać. Po pięciu latach wróciłam na stadion początkowo w roli nauczyciela, a później trenera. Teraz gdy wspominam tę sytuację, myślę o niej pod zupełnie innym kątem. Gdybym wtedy nie doznała kontuzji i wróciła do rodzinnego miasta jako aktywna zawodniczka, nie miałabym od razu przy sobie cudownych dzieci, nie pracowałabym z młodzieżą i mogłabym nie mieć może okazji na stworzenie czegoś tak wyjątkowego, czym staje się Akademia Małego Lekkoatlety.

Jedna decyzja w naszym życiu może zmienić wszystko, a każdy mały sukces napędza kolejny i dodaje coraz większej pewności siebie.
Z Akademią było podobnie – powstała całkiem przypadkowo. Nie było większych planów, spotkań czy myślenia o przyszłości.

Podczas pracy w gimnazjum prowadziłam klasę lekkoatletyczną i jako młoda matka miałam zawsze przy sobie mojego synka Olusia. Wkrótce okazało się, że z powodu niżu demograficznego szkoła, w której byłam później dyrektorką, będzie zamykana. Znając sytuację, trzeba było działać. W pewnym momencie powstał pomysł, żeby przy ówczesnym Słupskim Klubie Lekkoatletycznym utworzyć grupę dla dzieci w wieku 8-12 lat. Pierwsza grupa liczyła 11 osób i były to głównie dzieci znajomych.

Pewnego dnia mój cztero-letni syn zapytał mnie, czy może iść ze mną na stadion, ponieważ się nudził w domu. Nagle okazało się, że takich, nudzących się dzieci zaczęło przybywać. W pierwszych szkolnych zawodach, które zorganizowałam, wystartowało 28 podobnych maluchów. Od tego czasu zajęcia z dnia na dzień stawały się coraz bardziej popularne.

Po halowym mityngu rodzinnym, w którym rodzice startowali wspólnie z dziećmi, nagle okazało się, że z jednej grupy zrobiły się już cztery w różnych kategoriach wiekowych.

I wtedy, gdy wisiała nade mną wizja likwidacji szkoły, doszło do mnie, że jestem od tworzenia, a nie od likwidowania! W lipcu 2014 roku odbyło się pierwsze spotkanie założycielskie Stowarzyszenia Akademia Małego Lekkoatlety. Przejęliśmy również organizację zawodów popularnie zwanych „Czwartkami Lekkoatletycznymi". We wrześniu na zajęcia zapisało się już ponad 100 osób i powstało aż 8 grup treningowych. W czerwcu 2015 roku poraz pierwszy jako klub pojechaliśmy na finał ogólnopolski „Czwartków", gdzie najstarsza zawodniczka, 12-letnia Laura, skoczyław dal 5.17 metra i zajęła czwarte miejsce. Po tych zawodach pojawił się kolejny pomysł z utworzeniem grupy dla starszej młodzieży.

Dalej wszystko przewracało się już tak szybko jak klocki domina. Do Polski wszedł program „Lekkoatletyka dla każdego", dzięki któremu coraz więcej osób zaczęło interesować się sportem. W tym czasie nasi zawodnicy coraz lepiej radzili sobie podczas rywalizacji na stadionach i zdobywali medale podczas mistrzostw województwa. Do klubu zaczęli się zgłaszać rodzice z coraz mniejszymi dziećmi. Dzięki temu rozszerzyliśmy naszą działalność o grupy dla trzy- i czterolatków.

Po zaledwie dwóch latach działalności, w 2016 roku, po raz pierwszy wystartowaliśmy w wojewódzkiej lidze młodzików i zajęliśmy piąte miejsce. Na naszych zajęciach jest już ponad 300 osób, nasi wychowankowie startują na mistrzostwach Polski, a działalność aktywnie wspierają rodzice.

Zdobyliśmy pierwsze nagrody w plebiscytach „Dziennika Bałtyckiego" i „Głosu Pomorza".

Pod względem motywacji i realizacji celów najtrudniejszy był chyba ten pierwszy krok. Całość musi być oczywiście poparta ciężką pracą i nie zawsze wszystko idzie tak, jak zaplanujemy. Gdyby jednak ktoś dzisiaj powiedział mi, że po zaledwie trzech latach działalności klubu nasi zawodnicy będą zdobywali medale mistrzostw Polski, a nasi wychowankowie będą startowali w różnych międzynarodowych imprezach, w tym również rangi mistrzostw świata czy Diamentowej Ligi, popukałabym się w czoło.

Oczywiście po drodze, jak w przypadku każdego sportowca i trenera, przytrafiają się chwile zwątpienia oraz zapytania, czy wybraliśmy dobrą ścieżkę. Nikt przecież nie wie, „co by było, gdyby...", dopóki nie zrealizuje tego celu. W takich chwilach największą motywację stanowią radość i uśmiechy na twarzach najmłodszych czerpiących z naszych zajęć prawdziwą satysfakcję.

W sporcie nie chodzi przecież tylko i wyłącznie o wygrywanie. Motorem napędowym jest również ciekawość, co przyniesie jutro. W głowie z dnia na dzień rodzą się nowe pomysły, zadania i cele. Kiedy przychodzą chwile zwątpienia lub pojawiają się przeciwności, wówczas siadam i zaczynam wszystko analizować. Ta chwilowa słabość zawsze kończy się stwierdzeniem, że w ciągu zaledwie czterech lat udało się stworzyć od zera coś tak pięknego i niepowtarzalnego, co daje radość tylu osobom. Tak jak wcześniej myślałam o swojej kontuzji i drodze, którą przeszłam, żeby być w tym miejscu, tak teraz WSZYSTKO dzieje się z jakiegoś powodu.

Pomimo zwątpień, przeszkód i ciężkiej pracy, z niecierpliwością czekam na ciąg dalszy i już się uśmiecham do jutra, bo to, co było wczoraj, to już historia, na którą nie mam wpływu. Z zamyślenia i zwątpienia wybudza mnie mój telefon z piosenką Marka Grechuty „...ważne są tylko te dni, których jeszcze nieznamy..." i zróbmy wszystko, żeby to były radosne i szczęśliwe dni. Jeżeli Ty dopiero zabierasz się za spełnianie swoich marzeń, najważniejsząradą, jaką mogę Ci dać, jest postawienie na cierpliwośći uparte dążenie do celu. Nie ma rzeczy niemożliwych, są tylko te łatwiejszei trudniejsze. Niektóre marzenia i cele wymagają mniej czasu,a na inne trzeba poczekać trochę dłużej. Gdy po drodze przytrafią Ci się jakieś problemy, nie walcz z nimi sam lub sama. Podziel się nimi – we dwoje lub więcej osób zawsze łatwiej stawić czoła przeciwnościom losu. Naprawdę warto mieć marzenia, a jeszcze lepiej jest je realizować.

Kilka słów na zakończenie

Gratulacje! Jeżeli doszedłeś do tego punktu, jesteś MISTRZEM, poważnie. Wiem, że dałem Ci wiele elementów do przemyśleniaw tej książce, ale teraz masz już wiedzę, którą możesz od razu wprowadzić w swoje życie.

Sukces zależy tylko od Ciebie

Najlepszą rzeczą, której nauczyłeś się dzięki *#PrzeskoczTo* jest to, że masz pełną kontrolę nad swoim sukcesem. Jeżeli siądziesz na kanapie, razem z Tobą siądą również Twoje rezultaty. Jeżeli jednak zdecydujesz się zaangażować, będziesz zaskoczony tym, do czego jesteś zdolny. Już nie mogę się doczekać, aż podzielisz się swoimi sukcesami.

Nie martw się o bycie perfekcyjnym

Jeżeli będziesz się zbytnio skupiał na byciu perfekcyjnym, nigdy nie dokończysz swoich projektów. Zacznij działać i dopasowuj swoje cele i priorytety w miarę realizacji celów. Dopóki nie stracisz z oczu głównego celu – jesteś na właściwym torze.

Wyniki nie przychodzą z dnia na dzień

Podobnie jak w sporcie, żeby sięgnąć po swoje marzenia, trzeba się „ubrudzić" i zacząć działać. Nie ma magicznego guzika, który zamieni

Twój pomysł w zrealizowany projekt. Sam proces jest jednak o wiele ważniejszy. Wszystkie doświadczenia i temałe sukcesy, które osiągniesz po drodze, pomogą Ci zbudować pewność siebie i pozwolą działać jeszcze efektywniej.

Nie bój się prosić o pomoc

Bardzo często jesteśmy niewolnikami swojego umysłu i naszego ego. Żyjemy w przekonaniu, że musimy wiedzieć wszystko i umieć wszystko, ponieważ w przeciwnym wypadku ktoś nam wytknie niewiedzę. Pozwól sobie na bycie nikim i przyznaj się, że zabłądziłeś. Ucz się od tych, którzy już #PrzeskoczyliTo, i nie bój się ich zapytać o radę.

Nie przestawaj być mistrzem

Jeżeli skończyłeś czytanie książki – jesteś mistrzem. Od dawna wiesz, że masz w sobie chęć do zrobienia czegoś więcej w Twoim życiu. Pamiętaj, że masz w sobie wystarczająco dużo wiedzy i doświadczenia, żeby sięgnąć po swoje cele. Jeżeli masz chwilę zwątpienia, musisz po prostu szybko ją przeskoczyć i działać dalej.

Dziękuję bardzo!

Mam nadzieję, że miałeś taką samą satysfakcję z czytania tej książki, jaką ja miałem, pisząc ją dla Ciebie.

Dziękuję wszystkim naraz i każdemu z osobna za poświęcenie swojego cennego czasu na przeczytanie tej książki. Jeżeli masz jeszcze kilka sekund, z chęcią poznałbym Twoją opinię o książce. Być może chcesz powiedzieć „Cześć" na Twitterze, jestem @marcin_klinkosz. Możesz dołączyć również do dyskusji na naszej stronie na Facebooku oraz śledzić nas na Instagramie.

Jeszcze raz dziękuję i życzę Ci wyłącznie sukcesów we wszystkim, co sobie zaplanujesz!

Podaruj CZAS znajomym!

Mam do Ciebie jeszcze jedną prośbę. Jeżeli informacje, któreznalazłeś w książce, były dla Ciebie wartościowe, szepnij o niejsłowo swoim znajomym.

Nie przesyłaj im jednak e-booka – pozwól, żeby sami przeszliprzez książkę, wpisując na jej początku własne cele, które są dlanich ważne. Pozwól im również przejść przez 30-dniowy programtreningowy, który wyląduje na ich skrzynce e-mail.

Nie zapomnij podzielić się swoimi sukcesami i tym, jak #PrzeskoczyleśTo w swoim życiu. Prześlij swoją historię i sposoby na radzenie sobie z brakiem motywacji na hello@przeskoczto.com.

Najlepsze historie zostaną dodane do kolejnej edycji książki i pozwolą zainspirować kolejne osoby do sięgania po ich własne marzenia, które być może od długiego czasu kurzą się na dnie szuflady.

www.ingramcontent.com/pod-product-compliance
Lightning Source LLC
Chambersburg PA
CBHW070133080526
44586CB00015B/1669